SOCIOLOGÍA DE LA EDUCACIÓN Y TRANSICIÓN AL MUNDO DEL TRABAJO

SOCIOLOGÍA DE LA EDUCACIÓN Y TRANSICIÓN AL MUNDO DEL TRABAJO

Juventud, justicia y protección social en la Argentina contemporánea

Ana Miranda (editora)

FLACSO
ARGENTINA

teseo

Sociología de la educación y transición al mundo del trabajo : juventud, justicia y protección social en la Argentina contemporánea / Rene Bendit ... [et.al.] ; coordinado por Ana Miranda. – 1a ed. – Ciudad Autónoma de Buenos Aires : Teseo, 2015.

232 p. ; 20×13 cm.

ISBN 978-987-723-030-7

1. Sociología de la Educación. 2. Educación Secundaria. 3. Juventud. I. Bendit, Rene II. Miranda, Ana , coord.

CDD 306.43

Índice

Agradecimientos

El equipo de investigación del Programa Juventud quiere agradecer de forma especial a quienes participaron en este proyecto contribuyendo de muy distintas maneras. En primer lugar, a los y las jóvenes que nos acompañaron completando distintos tipos de registros y cuestionarios, sin los cuales esta investigación no tendría ninguna sustancia. Su generosidad para con nosotros representó un gran aliento y estímulo en nuestra tarea diaria. En segundo lugar, a las autoridades educativas que aportaron su tiempo y dedicación, a través de entrevistas, consejos y, sobre todo, contribuyendo a la organización de las primeras etapas del trabajo de campo. Con todos y todas a quienes no podemos nombrar por razones de neutralidad, nuestra definitiva gratitud y vocación para seguir trabajando en conjunto. El equipo tiene una deuda especial con las autoridades de la Dirección General de Cultura y Educación de la Provincia de Buenos Aires, particularmente con Claudia Bracchi y su equipo de trabajo, quien nos brindó su conocimiento y la colaboración durante la elaboración de los cuestionarios y la guía de campo.

Un conjunto de investigadores que no figuran entre los autores de los capítulos han participado de distintas etapas del proyecto, colaborando activamente en distintos tramos de la investigación; entre ellos se encuentran María Galliano, Santiago Martí Garro y Julio Zelarrayán. Sin ellos el estudio no habría sido posible. En esta misma dirección, la contribución de Fabiola Carcar, Natalia Benasso, Jorgelina De Luca y Laura Interlandi en el debate de los resultados fue central, así como la cooperación con equipos colegas, sobre todo con los equipos que coordinan Claudia Jacinto, Leticia Fernández Berdaguer, Georgina Binstock, Marcela Cerutti, Pablo Pérez y Mariana Buzzo. Los aportes de compañeros, amigos y colegas acompañan producciones que se presentan en la publicación.

El desarrollo del proyecto fue posible gracias al aporte de distintas instituciones. La Agencia Nacional de Promoción Científica y Tecnológica y el CONICET facilitaron los fondos para la realización de la investigación, nuestro reconocimiento y gratitud por el apoyo permanente al trabajo científico en nuestro país. La FLACSO nos brindó su soporte en todas las etapas del estudio, a través del apoyo de los compañeros y compañeras de distintas áreas y sectores, quienes comparten diariamente nuestra labor académica. Finalmente, Daniela Gutierrez y Octavio Kulesz tuvieron la sabiduría necesaria para esperar a que el producto estuviera completo para su publicación.

Presentación

Ana Miranda

El presente trabajo se propone promover el debate sobre los efectos del cambio social en las condiciones y el curso de la vida de las personas, a través del análisis de los resultados de un estudio sobre los procesos de inserción laboral juvenil en la Argentina contemporánea. El proyecto de investigación que dio lugar a esta publicación se planteó como objetivo general realizar un aporte al estudio sobre el vínculo entre la educación y el empleo, y sobre la nueva condición juvenil, a partir de una investigación de corte longitudinal sobre egresados de la escuela secundaria en distintas coyunturas socioeconómicas, de forma de contribuir al conocimiento de cómo distintos contextos económicos, sociales y políticos delimitan estructuras de opciones y accesos diferenciales a las personas jóvenes durante la transición entre la educación y el trabajo, y cómo estas configuraciones impactan en los proyectos de vida de largo plazo. Para ello, se intentó abordar preguntas relativas al lugar de los sujetos, su lugar y tiempo histórico en relación con los procesos de estructuración social.

En la actualidad son varios los fenómenos que intervienen, de forma simultánea, en el pasaje entre la educación y el trabajo; muchos de ellos fueron discutidos en numerosas investigaciones durante los últimos años. Quizás entre los más importantes sea relevante volver a nombrar el incremento de la esperanza de vida y su impacto sobre la modificación general de la organización del ciclo vital, la mayor participación y la expansión de la educación, las modificaciones en el mundo del trabajo, la aparición de nuevos períodos o etapas vitales (por ejemplo "la nueva condición juvenil"), la diversificación de gustos, consumos culturales y estilos de vida, la vigencia de un nuevo régimen de acumulación donde la volatilidad, vulnerabilidad y nuevos riesgos son hechos cotidianos. A partir del estudio de esos procesos, que muchas veces se discuten acaloradamente en la opinión pública y los medios expertos, la publicación se propone presentar un conjunto de reflexiones sobre las tendencias sociales predominantes en distintos períodos históricos, de modo de considerar el saldo de las distintas estrategias o modelos societales en términos de ampliación del bienestar o profundización de la desigualdad social.

Los y las autores/as de los capítulos que siguen abonan una tradición de estudios enfocados sobre las tensiones entre el cambio y la reproducción social desde la perspectiva de la sociología crítica de la educación, la sociología de la juventud, los estudios del trabajo y los estudios urbanos. Se proponen debatir con un conjunto de perspectivas teóricas a través del estudio específico de las relaciones que se establecen entre la juventud, la educación, el trabajo, la autonomía, la justicia y la desigualdad social. Como parte de esta tradición y de modo de hipótesis de partida, en los distintos artículos se sostiene que las relaciones entre la juventud, la educación, el trabajo y la trayectoria habitacional sólo pueden ser interpretadas a la luz de configuraciones sociohistóricas concretas, las cuales brindan el marco, el sentido y la orientación de los distintos factores que interactúan definiendo límites y potencialidades de los procesos de cambio y reproducción social.

Está de más decir que tanto las hipótesis como las temáticas y los abordajes tienen una amplia raigambre y forman parte de la historia del equipo de trabajo que presenta la mayor parte de los artículos que componen la publicación. La idea central fue volver a permitirse un espacio para debatir sobre las articulaciones entre juventud, educación, trabajo y autonomía a partir de un proyecto que dio continuidad a una investigación que se había iniciado sobre mediados de los años 1990, pero que formaba parte de una historia de estudios críticos radicada desde los años 1980 en la FLACSO Argentina, en la que han participado en distintas instancias de formación y producción los y las autores/as de esta publicación. El desafío en este caso fue reinterpretar los conceptos y dar lugar a las nuevas discusiones y aportes que se han desarrollado en el ámbito académico durante la última década. No es una tarea fácil, sobre todo, no reiterar viejos supuestos y teorías de forma automática, incorporar la innovación e intentar ser justos con la gran producción de estos últimos años, la cual presenta amplia diversidad de perspectivas y temáticas.

Los resultados de investigación sobre los que se reflexiona fueron elaborados a partir del proyecto *La inserción ocupacional de los egresados de la escuela media: 10 años después*. Se trata de una investigación de tipo replicativa de un proyecto anterior, que se había desarrollado entre 1998 y 2003. En ambos proyectos se trabajó sobre la base de la aplicación de la técnica *follow-up* de seguimiento de egresados, sobre cohortes de estudiantes de la educación secundaria que estaban transitando su último año antes del egreso. La primera cohorte egresó en el año 1999 y la segunda, en el año 2011, por lo cual experimentaron coyunturas ampliamente divergentes tanto en el período que abarcó su escolaridad como en los años posteriores a su egreso. En el primer caso, los y las jóvenes transitaron su escolaridad en un contexto social con amplias dificultades asociadas a la desocupación y al aumento de la pobreza, así como en un ambiente "cultural" en donde la política y las ideologías fueron diagnosticadas en fase terminal, y egresaron del secundario durante una de las peores crisis de la historia de nuestro país. En el segundo caso, los y las jóvenes estudiantes atravesaron su escolaridad en una etapa de fuerte recuperación económica, en donde el Estado comenzó a ocupar un lugar central en la intervención y en las políticas públicas, y donde la "política" en sí misma comenzó a revitalizarse en tanto espacio habilitado de intervención y organización juvenil. Los años del egreso, si bien no fueron los mejores de la serie de 2000, se desarrollaron en una etapa con bajas tasas de desocupación y una fuerte inversión estatal en la promoción de la continuidad educativa. En los capítulos de este libro se presentan la estrategia de investigación y los datos comparativos de cada etapa.

Es importante señalar que la consolidación y continuidad de los proyectos de investigación sobre los que avanza esta publicación hicieron posible el desarrollo de una línea de estudios que impulsan estrategias de corte longitudinal, mediante la perspectiva de investigación biográfica, lo cual significó un gran crecimiento en la capacidad del trabajo y análisis del equipo de investigación. El apoyo brindado por la Agencia Nacional de Promoción Científica y Tecnológica para la realización de los proyectos ha representado un hecho sustantivo y de una importancia central. La continuidad de dos décadas en investigación y el apoyo sostenido tanto de la Agencia como del CONICET han implicado que en la actualidad se pueda contar con proyectos que habilitan la cooperación y el intercambio internacional de conocimientos con equipos y universidades de gran prestigio y tradición académica, con amplios impactos en la revitalización de la producción académica local.

La publicación

Los textos que forman parte de este libro fueron producidos en un contexto de debate y cooperación académica entre investigadores del Programa de Juventud de la FLACSO y otros académicos de trayectoria en estudios de juventud. La invitación a participar en esta publicación a Hernán Cuervo (actualmente en la Universidad de Melbourg) forma parte del intercambio que se ha realizado a lo largo de los últimos años. La publicación está organizada en dos partes, las cuales en su conjunto dan cuenta de distintos aspectos de la problemática en estudio. La primera parte brinda un panorama del debate teórico sobre las temáticas de transición juvenil, justicia social, y el vínculo entre los estudios de juventud, la educación secundaria y la inserción laboral de las nuevas generaciones. La segunda parte presenta un análisis sobre los resultados de campo del proyecto. Expone conclusiones sobre los egresados del año 1999 y 2011 en temáticas como perspectivas futuras y educación universitaria, así como también sobre problemáticas más amplias, a través del análisis de las trayectorias habitacionales sobre la base de datos secundarios y de trayectorias laborales de largo plazo a través de las entrevistas realizadas con estudiantes de la cohorte 1999, que en la actualidad tienen más de 30 años y presentan testimonio sobre el recorrido completo de su inserción ocupacional.

El primer artículo, a cargo de Rene Bendit, presenta una introducción a la reflexión sobre cómo las transformaciones económicas, sociales y culturales generadas por la globalización y los procesos de cambio tecnológico acelerado impactan en el ciclo vital de las personas, particularmente en la fase juvenil, sobre principios del siglo XXI. El autor compara los rasgos comunes que se pueden encontrar de estos procesos entre Europa y América Latina, en un análisis donde se destaca la importancia de la educación, los conocimientos informáticos, la experiencia laboral y las redes sociales en el período que se corresponde con la transición a la adultez, elementos que forman parte de la identidad, modos de comunicación y organización social de la juventud. Un punto central de interés está relacionado con los procesos de individuación y las exigencias a las que se ven expuestas las personas jóvenes en el mundo occidental contemporáneo. La toma constante de decisiones, la competitividad laboral, la obligación de mantener coherencia entre las distintas esferas de la vida –familia, educación, empleo, amistades, pareja– forman parte de retos cotidianos en sociedades donde la inestabilidad y la vulnerabilidad son moneda corriente. Los y las jóvenes se ven obligados a "inventarse" a sí mismos de forma permanente, lo que los convierte en expertos "navegantes" de sus propios recorridos biográficos.

Bendit señala dos puntos de central importancia para el análisis de la condición joven contemporánea. Por un lado, las consecuencias de los procesos de fragmentación e individuación entre los y las jóvenes que pertenecen a grupos sociales con menores recursos económicos. Por otro lado, la importancia de los modelos societales y de política social como antecedente central de las oportunidades de las personas jóvenes durante su transición a la vida adulta. Las temáticas abordadas son ampliamente retomadas durante el análisis del material empírico y forman parte del corpus central de la investigación.

El aporte de Hernán Cuervo permite al lector acercarse al debate sobre la desigualdad y la justicia social en los estudios de juventud, y así otorga la oportunidad de actualizar las lecturas en un contexto donde conviven el Norte y el Sur global, las estrategias vigentes en políticas de austeridad y desarrollo. El autor presenta una crítica sustantiva a la visión imparcial, universal y neutral de la justicia, y apoya la necesidad de la construcción de un conocimiento plural, propio, ajeno a la visión norcéntrica que caracteriza a una parte importante de la producción académica de las ciencias sociales. Sobre esta crítica, sostiene, deben revisarse las nociones de juventud y transición a la adultez, en dirección al reconocimiento de distintas estrategias, formas de vida e identidades plurales.

El texto aborda uno de los debates más controvertidos y actuales de las ciencias sociales y los estudios de juventud, en referencia a la tensión entre la justicia distributiva y el reconocimiento y la participación como herramientas sustantivas para el cuestionamiento de las visiones imparciales y universalistas sobre la transición a la adultez. Se acerca a las posturas que sostienen la vigencia de las políticas de distribución, y critica los enfoques que niegan los factores estructurales y económicos (muchas veces denominados "culturalistas"), al tiempo que afirma la necesidad de políticas de reconocimiento, participación y comunicación plural, que promuevan la democratización de oportunidades y proyectos de futuro.

El texto de Ana Miranda propone una mirada crítica sobre el vínculo entre la educación y el mundo del trabajo. El artículo describe las distintas posiciones que enmarcaron el debate desde mediados del siglo XX con la idea de introducir las perspectivas contemporáneas. A lo largo del texto sostiene que el debate sobre educación y trabajo evolucionó de manera que permitió una mayor especificidad a grupos particulares, en dirección al reconocimiento de las particularidades de la inserción laboral y sus antecedentes en virtud del contexto social y político que les toca afrontar. Sobre la base de esa idea, repasa las elaboraciones acerca del concepto de juventud, las producciones sobre transiciones juveniles y las críticas contemporáneas asociadas a las ideas de justicia, pertenencia y generación social. Además, expone las producciones de la perspectiva de género y su importancia en el debate sobre las transiciones de las mujeres a la vida adulta.

A lo largo del artículo un conjunto de ideas se conjugan y dan lugar a debates sobre la desigualdad, la fragmentación social, la polarización y la segregación territorial. Se trata de aspectos que hacen a la vivencia de los y las jóvenes que habitan en las sociedades periféricas y semiperiféricas y que cuestionan la vigencia de argumentos normativos sobre las transiciones juveniles, sus orientaciones y secuencias. En las conclusiones, la autora promueve los marcos teóricos plurales, válidos para el estudio de las efectivas formas de transición de las personas jóvenes en los países del Sur, en su potencia y desafíos pendientes para una sociedad más justa.

El apartado sobre aspectos teóricos se completa con el aporte de Daniel Filmus, un investigador de gran trayectoria y actuación en el terreno de la política pública de nuestro país. Filmus, quien dirigió el primer tramo de la investigación que enmarca la presente publicación, presenta una muy interesante contribución sobre los desafíos de la universalización de la educación secundaria en América Latina. A lo largo del texto, el autor aborda la discusión sobre el vínculo entre los modelos o estrategias de desarrollo y los sistemas educativos. Sobre la base de datos secundarios –que funcionan a modo de introducción del apartado de análisis empírico–, detalla los desafíos vigentes en dirección a la consolidación de las condiciones que permitan a los y las jóvenes el acceso a los derechos y la justicia social. Es interesante advertir que el artículo no escapa al debate sobre las tensiones vigentes entre la expansión de los distintos niveles educativos, la coyuntura económica y las políticas públicas, y que sostiene la necesidad de profundizar las estrategias que promuevan la universalización de la educación secundaria, aportando mayores recursos entre los grupos de mayor vulnerabilidad social. El apartado que avanza sobre el análisis del material empírico del proyecto se desarrolla en cuatro artículos de investigadoras jóvenes del Programa Juventud. En los primeros dos artículos la información en análisis corresponde a los operativos cuantitativos. La producción inicial fue realizada por Jimena Merbilhaá, y trata sobre la continuidad laboral en la educación superior entre los y las egresados de la educación secundaria en distintas coyunturas económicas y sociales. El artículo trabaja sobre la hipótesis de que la continuidad educativa de nivel superior se constituyó en una de las políticas centrales de gobierno durante la última década, considerada como una de las actividades principales que sostienen las transiciones hacia la adultez y permiten la democratización de las oportunidades entre aquellos grupos de menores ingresos económicos. El texto aporta información sobre programas y políticas, así como datos sobre continuidad educativa, acceso a tics (*netbooks* escolares) y su correlato entre grupos de distinto sector social. Entre sus resultados se hallan evidencias de cómo a través de la agenda pública se puede observar el posicionamiento estatal frente a la democratización del saber y el conocimiento en dirección a una sociedad más democrática e integrada.

El trabajo de Agustina Corica interpela los debates sobre expectativas y proyección de futuro de los estudiantes de la educación secundaria en dos contextos históricos y sociales ampliamente divergentes. A través de las respuestas relevadas durante el último año de la educación secundaria en la cohorte 1999 y 2011, la autora aborda las temáticas vinculadas a la incertidumbre, la desestandarización de las trayectorias y los procesos de individuación en las sociedades contemporáneas. En línea con los planteos de Bendit, argumenta que las expectativas educativas y laborales de los estudiantes del último año de la secundaria están ampliamente relacionadas con el contexto social y económico en que se desarrollan, y deben ser analizadas en un esquema que integre el estudio de viejas y nuevas desigualdades sociales. Según la autora, la transición a la vida adulta se construye a partir de tres dimensiones: el campo de las decisiones y elecciones, el contexto y los dispositivos institucionales disponibles. Como parte de las conclusiones propone que la desestandarización de las transiciones adquiere un impacto diferencial entre las nuevas generaciones en dirección a la importancia de los dispositivos institucionales y la promoción de programas y políticas de juventud.

El texto de Viviana Fridman y Analía Otero formula un análisis sobre las trayectorias laborales de egresados/as de la educación secundaria en 1999, los y las cuales formaron parte de la investigación original. Ofrece información acerca de los primeros años de inserción y un análisis de un conjunto de entrevistas biográficas (de carácter retrospectivo), aplicadas sobre una muestra segmentada teniendo en cuenta una tipología de recorridos postsecundario que sintetizó los resultados de la investigación, organizando las respuestas de los distintos operativos acerca de la continuidad educativa y la inserción laboral luego del egreso. Las entrevistas brindan gran información, y forman parte del trabajo actual del equipo de investigación. Sobre ese contexto el artículo presenta una primera aproximación relativa a las trayectorias de inserción laboral de los y las jóvenes durante la década de 2000, en años posteriores a la crisis de 2001.

En el trabajo se plantea el debate sobre las trayectorias laborales y las transiciones juveniles en el período postindustrial, y se avanza en las particularidades de la inserción laboral de los y las jóvenes en nuestro país. Como resultado de estos debates se argumenta que la inestabilidad y la rotación de las ocupaciones juveniles son fenómenos que han permanecido vigentes, y acerca de sus antecedentes y consecuencias de largo plazo existen pocas explicaciones o acuerdos. El cuestionamiento sobre cuánto se trata de una estrategia individual y cuánto es resultado de una situación estructural aparece como central en el contexto de la desestructuración de las trayectorias laborales de principios del siglo XXI.

Los resultados del análisis configuran tres grupos con trayectorias laborales diferentes, luego de transitar dichos períodos de inestabilidad y rotación. En estos grupos se hacen evidentes situaciones de estabilización diferencial entre egresados de la secundaria de diferentes grupos sociales. Las conclusiones elaboradas sobre la documentación de campo presentan muy interesantes precisiones para el estudio de las trayectorias de inserción, sus antecedentes, perspectivas, el contexto histórico y el papel de los vínculos y relaciones familiares durante el período de la juventud.

Finalizando, el capítulo de Milena Arancibia sobre cambios y continuidad en la situación habitacional de la juventud en el Conurbano Bonaerense forma parte de un esfuerzo por abordar una temática poco explorada en nuestro país: los procesos de transición entre el hogar de origen y el hogar propio. Se trata de una iniciativa de gran interés y complejidad, donde es difícil encontrar denominaciones o conceptualizaciones despojadas de prejuicios y valoración social. Justamente, las nociones de independencia, autonomía, emancipación tienen una fuerte carga valorativa y muchas veces no son justas a la hora de evaluar la complejidad del fenómeno habitacional como un hecho medular del tránsito a la adultez, período en el que también se funden y confunden los procesos vinculados a la formación de los grupos familiares, los afectos y las relaciones de pareja, como hechos nodales de la vida de las personas jóvenes.

El artículo, que expone una primera aproximación a la temática, brinda información sobre la evolución en la situación habitacional a lo largo de la última década. Entre sus resultados se destaca un leve incremento de la independencia habitacional, una tendencia a la primacía femenina en la jefatura del hogar, el incremento de los alquileres como modalidad de transición y el incremento del hacinamiento entre los y las jóvenes de menores ingresos económicos. Esto en su conjunto marca la necesidad de intervención estatal en políticas específicas de acceso a la primera vivienda en tanto sostén material de la construcción de un proyecto de vida de largo plazo.

Las distintas temáticas abordadas a lo largo de la publicación tienen la intensión común de convertirse en insumos útiles para la toma de decisiones en ámbitos de desarrollo e implementación de programas, políticas de juventud y protección social. Así como propiciar el debate plural y documentado en medios académicos y de producción de conocimiento experto. Los autores/as del libro esperan que el esfuerzo de su desarrollo deje asimismo huellas entre todos aquellos y aquellas que quieran aproximarse a las temáticas de juventud, educación, trabajo, trayectoria habitacional juvenil, desigualdad y justicia, como una forma de contribuir a la consolidación de los procesos de democratización y promoción de una sociedad más justa para la juventud latinoamericana.

Primera parte. Debates sobre transiciones juveniles, justicia social y contexto histórico

Juventud y transiciones en un mundo globalizado

RENE BENDIT

Acerca del autor

Rene Bendit es doctorado por la Universidad de Kassel, Alemania. Estudió Psicología y Sociología en la Universidad de Chile y en la Facultad Latinoamericana de Ciencias Sociales (FLACSO) de Chile. Realizó estudios de posgrado en Psicología, Sociología y Pedagogía en la Universidad Ludwig-Maximilian de Múnich y en la Universidad de Kassel, ambas en Alemania. Investigador *senior* del Instituto Alemán de la Juventud (DJI), profesor en la Universidad Ludwig-Maximilian de Múnich. Desde 1994 es coordinador académico del Programa de Investigaciones de Juventud de la FLACSO, sede Argentina. Con una amplia trayectoria en investigación, durante los últimos años ha tenido una actuación destacada en estudios comparativos y trasnacionales en el ámbito de la Comunidad Europea.

Introducción

Desde las últimas décadas del siglo XX y sobre principios del siglo XXI, distintos procesos fueron determinando que la condición joven y en particular las transiciones juveniles sufrieran importantes cambios, en dirección a su diversificación, prolongación y desestandarización. Al mismo tiempo, las transformaciones de la organización productiva y el mercado laboral inducidas por los procesos de globalización/mundialización fueron produciendo gran inestabilidad y generando una significativa falta de confianza entre las nuevas generaciones. Como resultado de estos procesos, para la juventud hacer frente a la incertidumbre se ha convertido en una forma de vida.

Las transformaciones sociales de finales del siglo XX han tenido un amplio impacto en las sociedades occidentales. Numerosos estudios han dado cuenta de las tensiones y las problemáticas generadas por la metamorfosis del empleo, los efectos de la globalización, los procesos de individuación, la menor seguridad social, entre otros (Castel, 1997; Bauman, 2007). Estos cambios han afectado con gran intensidad a la juventud en dirección a una mayor inestabilidad, y han provocado la aparición de nuevos modelos de referencia e identificación (Casal, 2000).

En el marco de los procesos de cambio a los que se refiere este artículo, el mundo adulto ha ido perdiendo su centralidad y referencia en términos simbólicos y emocionales, mientras que al mismo tiempo ha ido adquiriendo cada vez mayor importancia en tanto sostén material de las rutas y caminos transicionales frente a la menor vigencia de las instituciones sociales que anteriormente organizaban los tránsitos a la vida adulta (Bendit, 2008). La condición juvenil contemporánea ofrece un conjunto de elementos sustantivos que permiten la posibilidad de ser, pensar y actuar propios. En nuestros días, y con distintos niveles según las características económicas y sociales de los países, las actividades que las sociedades ofrecen a la juventud en algunos casos son ampliamente sofisticadas y se relacionan de forma mayoritaria con el paso por la educación secundaria y superior y la primera inserción laboral, con la búsqueda de una vivienda autónoma, con la construcción de un estilo de vida propio (incluyendo la vida en pareja o en formas comunitarias) y con el consumo de bienes producidos por las industrias culturales globalizadas. Todas estas opciones son ofertadas, no obstante, de forma cada vez más fragmentada y desigual inclusive al interior de las mismas sociedades, lo cual genera gran desconcierto y preocupación entre amplios grupos poblacionales.

En este contexto, la educación se ha convertido en un factor de gran importancia en términos de sociabilidad, formación, acceso al empleo, ciudadanía (incluyendo su participación social, cultural y política) y construcción de las identidades juveniles. Como parte de este proceso, la educación media ha devenido en la mayoría de los países de América Latina en una pieza clave de la política pública dirigida a la juventud. En la Argentina en particular, se ha proclamado la obligatoriedad del nivel medio completo (básico y superior), denominado en la ley como "Educación Secundaria" en el año 2006.

En el presente artículo se plantea la cuestión de cómo los cambios económicos, sociales y culturales generados por los acelerados procesos de modernización científico-tecnológica y económica que desde algunas décadas se vienen observando tanto en sociedades postindustriales de alto desarrollo como en países emergentes generan a su vez procesos de intenso cambio social, cuyo impacto se manifiesta en "modernizaciones" de cada una de las fases del ciclo vital de las personas y en particular de la fase juvenil. Estos cambios no sólo afectan sus condiciones de vida, sino que además afectan sus trayectorias biográficas, sus valores, actitudes, estilos de vida y comportamientos sociales. En este contexto analizaremos en particular aquellos aspectos relacionados con los cambios observables en las transiciones juveniles de la educación al trabajo y a la vida adulta, así como los nuevos patrones de vulnerabilidad de las y los jóvenes generados por cambios estructurales de los mercados laborales, y en relación con ello, aquellas tendencias de acentuación de la desigualdad y la exclusión social de determinados grupos de jóvenes.

Globalización y sus efectos sobre el cambio económico y social

Desde mediados del pasado siglo, importantes transformaciones científico-tecnológicas, en particular en el campo de las nuevas tecnologías de la información y la comunicación, han dado lugar a profundos cambios económicos, culturales y sociales que han sido subsumidos bajo los conceptos de "globalización" o "mundialización". Dichos procesos han tenido un fuerte impacto sobre diferentes grupos sociales en casi todos los países del mundo y han sido significativamente importantes en lo que podríamos denominar "modernización social" de la juventud. Es por ello que iniciaremos este capítulo con la discusión de diferentes reflexiones teóricas sobre lo que actualmente, y desde diferentes perspectivas, se entiende por globalización y sus efectos sobre los cambios en diferentes ámbitos de la vida en casi todas las regiones del mundo. A partir de este análisis, en un segundo paso intentaremos identificar aquellos efectos que la globalización ha tenido sobre los procesos de socialización y en particular sobre la juventud y los jóvenes.

Autores como Beck (1996, 1992), Blossfeld *et al.* (2005) y Hornstein (2008, 2011) describen los procesos de globalización como la acción y efectos combinados de diferentes procesos macroestructurales de cambios económicos, tecnológicos y sociales, es decir, la creciente internacionalización de los mercados que ha provocado un aumento de la competencia entre países con salarios, niveles de productividad y sistemas de bienestar social muy diferentes y que, por tanto, también ofrecen a su población unos estándares de vida muy diferentes.

Para Manuel Castells, dicha internacionalización económica, social y cultural ha contribuido de manera decisiva al asombroso y acelerado desarrollo de las nuevas Tecnologías de la Información y de la Comunicación (TIC), que han generado una fuerte intensificación de las comunicaciones, de los vínculos y relaciones entre personas, instituciones y empresas. Esto a su vez ha llevado a una gran interdependencia económica, cultural y social, por lo que, en otros términos, la globalización se caracteriza también por la intensificación de dichos vínculos y relaciones internacionales entre empresas, Estados y personas (Castells, 2006).

De manera complementaria a las definiciones que dan estos autores, Anthony Giddens caracteriza la globalización como una

intensificación de las relaciones sociales en todo el mundo, por las que se enlazan lugares lejanos, de tal manera que muchos acontecimientos locales están configurados por acontecimientos que ocurren a muchos kilómetros de distancia o viceversa, por lo que la globalización debe contemplarse como un proceso dialéctico entre momentos globales y locales cuyos efectos y resultados pueden variar entre países y regiones (Giddens, 1990).

Como lo demuestran diferentes estudios comparativos internacionales, cada país afronta los factores y desafíos de la globalización en el marco de un contexto económico específico y de unas estructuras sociales e institucionales muy arraigadas, vinculadas tanto a las leyes del propio mercado laboral, a los sistemas de bienestar social, así como a las diferentes normas y valores imperantes. En consecuencia, los factores determinantes y los efectos generales de la globalización son "filtrados" de una forma concreta en cada sociedad, lo que confiere a la globalización un carácter muy específico a nivel local, regional o nacional.

En algunos países y regiones del mundo, los efectos combinados de los procesos macroestructurales internacionales y locales han provocado una mayor productividad y crecimiento económico, así como una mejora de la calidad de vida de amplios estratos de la población, incluidos los jóvenes, mientras que en otros lugares ha supuesto un aumento del desempleo, la pobreza, la vulnerabilidad y la inseguridad de determinados grupos sociales, en particular de las mujeres, los niños y los jóvenes. En sociedades menos desarrolladas, concretamente en los países emergentes de

América Latina, en las décadas de 1980-1990 las tendencias hacia una economía mundial abierta y globalizada han
generado grandes grupos de "perdedores de la globalización", especialmente en aquellos grupos sociales con menor
nivel de educación formal y con menos capital social y
cultural para enfrentar los nuevos retos inducidos por la
modernización económico-tecnológica y el aumento de la
competencia entre países y regiones (Blossfeld *et al.*, 2005).
Además, las desigualdades económicas y sociales en todo
el mundo generan factores de atracción en algunos países
y regiones, al mismo tiempo que la expulsión de amplios
sectores de la población mejor calificada, lo que está pro-
vocando movimientos migratorios internacionales y nacionales a gran escala, los cuales, a su vez, originan nuevos
problemas de cohesión social e integración en las sociedades de acogida, así como la "fuga de cerebros" en los países
económicamente menos desarrollados.

Resumiendo, los mercados de trabajo nacional y local,
así como las relaciones entre instituciones, empresas y personas, están siendo cada vez más influenciados por coyunturas económicas, financieras y políticas de otras regiones
del mundo, lo que genera inestabilidad económica, incertidumbre y vulnerabilidad de amplios sectores sociales en
los ámbitos nacional y local. En la mayoría de las sociedades, los factores mencionados ocasionan inseguridades o
situaciones de crisis de mercados de trabajo que dificultan
o impiden el ingreso de las generaciones jóvenes al mundo laboral, problemas e incertidumbres que a menudo son
reforzados por sistemas de seguridad social (allí donde los
hay) cada vez más frágiles que se ven afectados por ajustes
y reducciones de sus prestaciones sociales, lo cual afecta en
particular a los grupos más vulnerables. A raíz de ello, se
observa una pérdida de confianza de la población, tanto en
lo que se refiere a la capacidad y eficacia de las políticas
públicas de mantener el equilibrio entre los diferentes problemas e intereses de la sociedad como en relación con el
poder integrador del Estado.

Consecuencias y efectos de la globalización en la juventud

En el marco de los cambios sociales inducidos por las modernizaciones científico-tecnológicas y económicas y por los procesos de globalización en su conjunto, se han ido creando nuevos modelos de referencia no tradicionales para los procesos de crecimiento, socialización e inserción laboral y social de las nuevas generaciones y, por tanto, para el relevo generacional, factor determinante del cambio social. En este contexto de modernización globalizada y de cambios sociales acelerados, en Europa y América Latina es posible identificar algunos rasgos comunes, aunque con diferentes grados de intensidad, en cuanto a las consecuencias que tales procesos han tenido sobre la juventud. Así, por ejemplo, en ambas regiones, la modernización tecnológica y la relevancia del mercado en todos los ámbitos de la vida exigen de las y los jóvenes unos recursos personales, una calificación profesional y unas competencias cada vez mayores y más adecuadas a la demanda y necesidades de las empresas en períodos de tiempo determinados.

La educación, los conocimientos informáticos en diferentes niveles, la formación profesional, así como la experiencia laboral y las redes sociales, se han convertido en las claves del éxito del desarrollo personal y de la integración económica y social de los individuos. La educación formal y la informal han adquirido extraordinaria importancia, y la lucha por la obtención de mayores logros educativos y titulaciones académicas se ha masificado e intensificado enormemente, lo que sucede desde las primeras etapas de educación preescolar hasta la educación a nivel terciario. Quienes se incorporan de forma temprana al mundo laboral, sin una suficiente calificación educativa (formal), son los más afectados por las permanentes fluctuaciones del mercado laboral y son, por lo general, los más expuestos a la desocupación prolongada y a la exclusión social.

En la mayoría de las regiones del mundo, el pleno empleo y un Estado del bienestar que garanticen la integración social y la ciudadanía de quienes han seguido una "trayectoria normal", sólo marcada por la diferencia de género, han pasado a formar parte del pasado. Los contratos temporales, el aumento de puestos de empleos precarios, atípicos e inestables, los trabajos de media jornada y las formas de autoempleo con bajos niveles de capacitación profesional e ingresos forman parte de la nueva "normalidad", y por estas razones, según Blossfeld *et al.* (2005), las y los jóvenes de diferentes regiones del mundo parecen ser los grandes perdedores de la globalización (Lloyd, 2006).

Los cambios provocados por la globalización y la modernización también tienen importantes implicaciones en la socialización familiar, y en consecuencia en el desarrollo biográfico y en la construcción de la propia identidad. En las sociedades modernas o en procesos de modernización y cambio social se generan nuevas exigencias, como por ejemplo la toma constante de decisiones personales, aun cuando los resultados sean inciertos, para poder responder y resistir a la creciente competitividad del mercado laboral (MacDonald, 2011). Al mismo tiempo, los jóvenes se ven obligados a conciliar y a mantener la coherencia entre esferas de la vida –familia, empleo, amistades, educación, etc.– y la construcción de su propia identidad (personal, social y cultural), todos aspectos que actualmente se dan de manera bastante fragmentada y a veces sin mucha relación entre sí (Giddens, 1990; Keupp *et al.*, 1999; Bauman, 2007). Asimismo, se exige de las y los jóvenes que generen una biografía personal continua y coherente, aunque los límites entre el pasado, el presente y el futuro y entre las distintas fases de la vida se hayan desdibujado, y finalmente, que asuman responsabilidades tanto en el ámbito profesional a través de una formación a lo largo de la vida, como cada vez más en el ámbito de la seguridad social a través de sus propios ahorros, etc.

Las y los jóvenes de los estratos sociales más bajos, privados de recursos y oportunidades de diferente índole, suelen verse forzados a tomar itinerarios atípicos y no personalizados, limitándose a adaptarse a "las circunstancias" o a las oportunidades que se les presenten para integrarse parcial y coyunturalmente al mercado laboral, lo que a la larga los obliga permanentemente a enfrentar numerosas posibilidades reales de exclusión o marginación. Si bien en sociedades más desarrolladas, las desigualdades marcadas por las diferencias de estatus socioeconómico se ven relativizadas por la incidencia de diferentes políticas sociales, aun así, tales desigualdades conllevan riesgos de exclusión social para los grupos más vulnerables (Biggart, Furlong y Cartmel, 2008).

Por otra parte, como se verá más adelante con más detalle, la globalización y la modernización económica, así como los cambios valóricos que se vienen observando desde comienzos de la década de 1970 (Inglehart, 1970, 1997; Machado Pais *et al.*, 1998), también han ejercido efectos transformadores tanto en los procesos de emancipación de las y los jóvenes del hogar familiar (Bendit, Hein y Biggart, 2004) como sobre las formas de participación juvenil en diferentes ámbitos de la sociedad. Es así que en el mundo globalizado, al mismo tiempo que la participación de las y los jóvenes en las estructuras e instituciones políticas, sindicales, confesionales de tipo formal ha ido disminuyendo progresivamente, se observa que en muchos países de Europa y América Latina la juventud juega un papel importante, a veces primordial, en los movimientos que tienen por objetivo la transformación y el cambio social. Además del uso creativo que hacen de Internet para llamar a la movilización (mediante el uso del correo electrónico, el WhatsApp, los blogs, Facebook, Twitter, etc.). La presencia de los jóvenes también es considerable en las ONG del llamado "tercer sector" y en diferentes movimientos sociales basados en la comunicación electrónica, en trabajos de voluntariado y en otras formas de participación informal. Asimismo, una parte considerable de los jóvenes en diferentes regiones y países participa activamente en movimientos antiglobalizadores o de protesta ante las crisis a que se ven enfrentados. En los países y regiones económicamente en crisis o en otros menos desarrollados, la participación activa de la juventud en la mejora de la sociedad y, por consiguiente, de sus propias condiciones de vida y perspectivas de futuro, es consecuencia directa de la necesidad y de la falta de oportunidades, así como de la voluntad de demostrar lo que son capaces de conseguir, con respecto a metas y objetivos en los diferentes ámbitos de la sociedad. Éste ha sido y es el caso, por ejemplo, de los "Indignados" o el nuevo partido político "Podemos" en España, de las "primaveras árabes" en países del Magreb y Egipto, de las protestas contra el autoritarismo y la corrupción en México, Turquía y en otras diferentes regiones del mundo.

Cambios en las transiciones juveniles

Una visión panorámica de los cambios en las trayectorias hacia la "adultez"

El análisis de las transiciones juveniles a la vida "adulta" adquiere nuevo significado, pues no se las entiende como una caracterización "esencial" de lo que sería la juventud (solamente una fase de transición), sino como parte de procesos mucho más complejos, en los cuales interactúan condiciones estructurales y subjetivas de manera muy específica de cada sociedad, región y condición social, a partir de las cuales se generan diferentes modalidades en las que les toca crecer y desarrollarse a las y los jóvenes. De forma tal que no se considera a las y los jóvenes como individuos exclusivamente determinados por las condiciones macro- y microsociales, sino como actores que manejan, o como mínimo influyen sobre los hilos que gobiernan sus vidas. Este concepto de entender a las y los jóvenes como tales implica reconocer que el mundo adulto va perdiendo su rol de centralidad y referencia.

En esta misma línea conceptual, numerosos estudios han señalado que las transiciones juveniles han estado y siguen estando expuestas a continuos procesos de cambio, en gran parte inducidos por la acelerada modernización científico-tecnológica y los cambios socioestructurales concomitantes, así como por la creciente globalización económica y cultural impulsada por dichos avances y por las características específicas de los mercados de empleo juvenil en cada país. Como resultado de ello, tanto en los países centrales como en los periféricos, se observa una creciente complejidad ("pluralización") de la condición y las transiciones juveniles, además de una cada vez mayor necesidad de transferencia de recursos –tanto desde las familias como del Estado– hacia las y los jóvenes para sostener el desarrollo de las transiciones y de la condición juvenil contemporánea. Muchos investigadores apuntan al hecho de que las transiciones a la vida adulta no sólo se han tornado más complejas y prolongadas sino que, cada vez más frecuentemente, dejan de ser lineales, estandarizadas y homogéneas, de manera que adquieren formas cada vez más fragmentadas, diferenciadas y reversibles (Casal, 2000; Du Bois-Reymond, 2003; Machado Pais, 2004; Gil Calvo, 2011). En este sentido, numerosos estudios sobre las transiciones juveniles en el mundo actual convergen en postular la vigencia de distintos "regímenes de transición" (Walther, 2006), así como también de una nueva condición juvenil. La creciente individualización de los modos de vida en las sociedades modernas y postmodernas actuales, que Ulrich Beck caracterizó como "sociedades de riesgo" (1992, 1996, 2000), tiene también un fuerte impacto en las transiciones de la educación al empleo, que se hacen cada vez más plurales, extendidas e inestables (Walter, 2006; Bendit, 2008). El aumento de la percepción de los riesgos implícitos en dichas transiciones, y en particular el de quedar desocupados o subocupados en empleos precarios, genera en los jóvenes la necesidad de transformarse en expertos "navegantes" en medio de un océano pleno de inseguridades e incertezas (Roberts, 1995; Furlong, 2011; MacDonald y Marsch, 2005). La incertidumbre y el tener que "inventarse" a sí mismos permanentemente se han convertido para muchos jóvenes en un modo de vida (Roberts, 1997; Blosfeld, Klizing y Kurz, 2005).

De la educación al empleo: tendencias de cambio en Europa y América Latina

En el marco de las tendencias de cambio analizadas y su impacto sobre los jóvenes, interesa aquí describir en particular las transformaciones observables en las transiciones de la educación al empleo, tanto en Europa como en América Latina. Dichas transformaciones han sido analizadas y discutidas desde perspectivas teóricas no sólo diferentes sino que a menudo contradictorias. Autores como Roberts (1968), Biggart *et al.* (2002), Biggart, Furlong y Cartmiel (2008), MacDonald y Marsch (2005 y 2011) postulan que, independientemente de la diversificación, prolongación y mayor complejidad que dichas transiciones manifiestan actualmente, los factores estructurales que determinan su carácter, como por ejemplo, el origen y la pertenencia de clase y el nivel de educación formal alcanzado, siguen siendo decisivos en las rutas y destinos al empleo. Por el contrario, Du Bois-Reymond y López Blasco (2003), Machado Pais (2004), y Walther (2006) argumentan que en condiciones de modernidad y postmodernidad, y aun en mercados de trabajo altamente flexibilizados, es posible observar las formas y modos de transición de la educación al empleo biografizadas, lo que marcaría una tendencia en los jóvenes a buscar rutas de la educación al empleo fuertemente determinadas por su propia acción sobre su entorno y sobre las condiciones estructurales en las cuales les toca crecer. Estos autores postulan que los jóvenes de la modernidad, independientemente de su estatus socioeconómico, buscan

caminos y formas que les permitan construir y desarrollar "biografías de elección" *(choice biographies)*. Finalmente,
estos investigadores ponen atención a la creciente pérdida de secuencialidad en las transiciones de la educación al
empleo, hecho que en épocas anteriores caracterizaba los
diferentes pasajes de estatus en la ruta hacia la adultez. A
raíz de ello plantean que las diferentes etapas propias del
proceso de transición a la vida adulta, en una gran mayoría
de los jóvenes, se van haciendo cada vez más reversibles.

Según los trabajos de Roberts (1968, 1997) y el estudio
longitudinal de Biggart, Furlong y Cartmiel (2003), la existencia de transiciones "biografizadas" de la educación al
empleo y de ahí a la autonomía residencial y a la constitución de una familia propia sólo ha podido comprobar-
se empíricamente en una minoría de jóvenes de estratos
sociales medios y altos. De acuerdo con dichos datos, aun
en las sociedades postindustriales, las "biografías de elección", por ejemplo, aquellas activamente influenciadas por
los jóvenes mismos y por sus familias, son propias de las
clases y estratos sociales con mayores recursos económicos, capital social y cultural, sin llegar a ser un fenómeno
generalizable a jóvenes de otros estratos sociales. Además,
estos investigadores plantean que el grupo de jóvenes en
los que las transiciones han perdido su linealidad y se han
transformado en transiciones de "ida y vuelta", o de tipo
"yoyó", como las denomina Du Bois-Reymond (2003), sería
cuantitativamente aun menor que el de aquellos en que se
observan transiciones biografizadas.

El reanálisis de diferentes estudios, informes estadísti-
cos y trabajos empíricos sobre transiciones juveniles desarrollados a nivel europeo y latinoamericano (EUROSTAT,
2012; European Commision, 2007; ILO, 2013; CEPAL,
2007; Naciones Unidas, 2010; PNUD, 2010, 2013; Bendit y Miranda, 2014) permite no sólo determinar en qué
medida los datos recogidos apoyan las diferentes posturas
teórico-empíricas mencionadas, sino que además contribuye a identificar algunos rasgos y características comunes en

las transiciones juveniles entre Europa y América Latina, tomando obviamente en consideración los diferentes grados de intensidad con que tales características se manifiestan en cada una de las dos regiones. Así, por ejemplo, los datos contenidos en algunos de estos estudios indican que tanto en Europa como en varios países de América Latina (entre ellos, Argentina, Brasil, Chile, Colombia, Ecuador, Costa Rica y México) hay una significativa extensión de la participación de los jóvenes en la educación secundaria y, en parte, en la terciaria. En función de ello, así como de las dificultades que experimentan los jóvenes en hallar un primer empleo regular, las transiciones de la educación al empleo se hacen cada vez más prolongadas, y con ello también la dependencia económica y residencial de los jóvenes de sus familias (Roberts, 1997; Bendit y Miranda, 2014).

En ambas regiones, el finalizar con éxito la educación secundaria constituye una primera precondición para iniciar con cierta probabilidad de éxito una determinada ruta de inserción laboral, lo que no significa que dicha ruta o trayectoria sea automáticamente conducente a un empleo regular, no precario. Al mismo tiempo, en ambas regiones, la extensión de la educación secundaria así como de la formación técnico-profesional y de la educación terciaria (debido a la necesidad de obtener títulos de postgrado de diferente índole), junto con la "institucionalización" de un sistema de "prácticas" escasamente o no remuneradas, han llevado a que los procesos de alocación (ubicación) laboral hayan cambiado radicalmente, lo que en primer lugar se manifiesta en el hecho de que el tiempo de búsqueda y consecución del primer empleo se ha ido extendiendo cada vez más. Ello, naturalmente, repercute sobre cada una de las fases del proceso de emancipación económica y residencial de los jóvenes (Filmus *et al.*, 2001, 2004; Jacinto, 1996; Miranda, 2007; Machado Pais, 2004; Lloyd, 2006; MacDonald y Marsch, 2005, 2011).

Los datos muestran además que en ambas regiones las transiciones de la educación al empleo se ven diferenciadas en función del estatus socioeconómico. Los jóvenes de origen socioeconómico "medio-alto" y "alto", tanto en Europa como en América Latina, transitan de la educación secundaria al empleo de una manera más o menos "bio-grafizada", es decir, determinada por sus propios intereses y acciones y por el capital económico, social y cultural de sus familias, siendo su proyecto prioritario el finalizar exitosamente su formación educacional y/o profesional. En estos jóvenes y en sus familias, prima la expectativa de una finalización exitosa de sus estudios y sólo secundariamente, una actividad laboral; si estas actividades se ejercen, generalmente es de modo temporal y tienen como objetivo el recoger experiencia laboral en distintas esferas. Este tipo de trabajos o empleos puntuales contribuye además a mejorar la economía de estos estudiantes, constituida mayormente por transferencias de los padres o abuelos, en algunos casos por becas y en algunos países europeos, por transferencias del Estado de bienestar social (Bendit y Miranda, 2014). Los recursos adicionales provenientes de tales trabajos generalmente son destinados a consumos materiales y culturales de los jóvenes mismos, así como al goce del tiempo libre. Por todo ello, estos jóvenes "modernos" y "postmodernos" de los sectores sociales más acomodados vivencian el "espacio transicional" de una manera muy diferente a la de los jóvenes de otros estratos sociales menos privilegiados (Roberts, 1968; Bendit y Miranda, 2014).

Por el contrario, aquellos que crecen en familias de estatus socioeconómico "medio-bajo" o "bajo" se ven enfrentados a espacios de libertad mucho más restringidos, y resultan a veces obligados, a una edad relativamente temprana, a interrumpir su período formativo para salir a buscar algún trabajo o actividad remunerada (aunque sea en la economía informal o en actividades al borde de la legalidad o en la ilegalidad) para así poder contribuir al presupuesto familiar (EGRIS, 2000; Biggart et al., 2002). Otros jóvenes, en contextos algo más favorables, se ven enfrentados a la necesidad de combinar el terminar de cursar la educación secundaria, el aprendizaje de un oficio, una formación técnico-manual o estudios terciarios con diferentes tipos de trabajo. Todos estos jóvenes transitan de la educación al empleo y a la vida adulta por rutas básicamente condicionadas por factores estructurales, en relación con los cuales los jóvenes de estos estratos tienen escasas posibilidades de ejercer algún tipo de influencia o de desarrollar "biografías de elección" (Roberts, 1997; Bendit y Miranda, 2014).

Al mismo tiempo que las rutas de transición de la educación al empleo se han ido prolongando y diferenciando, efectivamente, para muchos jóvenes, las transiciones de la educación al empleo, a la emancipación residencial y a la independencia económica han perdido su linealidad. Ello parece ser el caso de muchos jóvenes latinoamericanos y de algunos países europeos, especialmente del Sur y del Este de Europa.

En una significativa proporción de jóvenes, los diferentes pasajes de estatus que caracterizaban las transiciones juveniles "clásicas" –educación-empleo-emancipación residencial-emparejamiento-desarrollo de una perspectiva o proyecto de futuro personal y profesional y la constitución de una familia propia– ya no se dan secuencialmente sino de manera discontinua. Así, por ejemplo, antes de la finalización formal de un determinado nivel educacional, se da la búsqueda de un empleo remunerado, aunque sólo sea a tiempo parcial, y con posterioridad y siempre que sea posible, la finalización de la educación secundaria o terciaria, o el aprendizaje de un oficio en el marco de una formación profesional reconocida o en el trabajo mismo (*learning on the job*). También se pueden observar trayectorias reversibles, es decir, después de haber iniciado una "ruta educativa" –finalización de los estudios secundarios-formación profesional o una carrera universitaria–, sucede la interrupción parcial o total de dicha estrategia formativa, y se prueban rutas de inserción laboral más inmediatas y contingentes, por ejemplo, la aceptación de empleos precarios o a corto plazo, la instalación de un negocio propio o una miniempresa, la participación en la economía informal o en actividades de tipo ilegal. Por lo general, la búsqueda de rutas de este tipo se ve condicionada por diferentes factores, tanto estructurales como subjetivos, que en su conjunto contribuyen a extender su inserción definitiva al empleo y a la vida adulta casi hasta el final o más allá de su tercera década de vida.

Jóvenes que no estudian ni trabajan

Además de las diferentes formas de transición de le educación al empleo hasta aquí discutidas, el análisis sociológico de las trayectorias de los jóvenes hacia el empleo o la desocupación ha puesto de manifiesto otro fenómeno que se da de manera bastante parecida en ambas regiones, Europa y América Latina. Se trata de la significativa cantidad de jóvenes que no estudian ni trabajan, ni tampoco están en formación profesional. Este grupo ha sido definido en Europa con el término de *Neither in Education, Employment or Training* (NEET, por sus siglas en inglés), mientras que en América Latina se los denomina Ni-Ni (jóvenes que ni estudian ni trabajan).

Diferentes estudios han mostrado que además de ser un grupo socialmente heterogéneo, los factores que influencian la probabilidad de pertenecer a él son muy diversos; entre ellos, el grado de educación formal alcanzado: una parte significativa de los NEET o Ni-Ni ha abandonado el sistema educacional prematuramente, antes de obtener algún tipo de certificado de educación, razón por la cual les es enormemente difícil conseguir un empleo regular en el sector formal de la actividad económica. Otros forman parte de la categoría de Ni-Ni por tener ciertas discapacitaciones físicas o psíquicas; otros, por ser inmigrantes o hijos de inmigrantes o por habitar en regiones remotas o en barrios periféricos estigmatizados socialmente, y finalmente, están los que pertenecen a familias de muy bajos ingresos, con padres desempleados y bajo nivel educacional formal (Eurofund, 2013).

En Europa, las tasas de jóvenes entre 15 y 24 años de edad que no estudian ni trabajan y que tampoco se encuentran en alguna situación de formación profesional es de alrededor de 14 millones (Eurofund, 2013). Las tasas de NEET varían ampliamente de país a país, y al interior de los países, según si se trata de jóvenes nacidos en ellos o de jóvenes inmigrantes. Así, por ejemplo, según datos de la OECD (2014), en el grupo etario de 15-24, el 2,6% de los nacidos en el país y el 4,6% de los jóvenes inmigrantes en los Países Bajos (Holanda) no estudiaban ni trabajaban; en Suiza, el 2,3% y 3,9 %; en Francia, el 5,3% y 10,8%; en Alemania, el 4,0% y 8,2%; en Italia, el 8,4% y 14,5%, mientras que en España, la tasa de NEET o Ni-Ni alcanzaba un 13,0% entre los nacidos en el país y un 19,9% entre los jóvenes de origen migrante. En promedio, el porcentaje de jóvenes europeos de países pertenecientes a la OECD que no estudian ni trabajan alcanza a un 4,0% y un 8,2% respectivamente. Situaciones aun más severas se observan en Bulgaria, en la ex República de Yugoslavia, Grecia, Rumania y Turquía (Eurofund, 2013).

En América Latina y el Caribe, la tasa de los que se encuentran en esta situación alcanza a cerca del 20% de los jóvenes en edad laboral (OIT, 2010). Según estos datos, el mayor contingente de Ni-Ni en la región latinoamericana (51,7%) cumple labores de hogar (por lo general, las mujeres), el 23, 1% se hallaban desocupados y el restante 25,2% no se encontraban ni trabajando, ni estudiando por otras razones diferentes.

Transiciones juveniles en mercados laborales en crisis

La inserción laboral de los jóvenes al empleo no sólo se ve determinada por las modernizaciones económico-tecnológicas a que repetidamente se ha hecho mención en este artículo, sino que además, y de manera decisiva, por las características de los diferentes mercados laborales, algunos de los cuales se hallan actualmente fuertemente afectados por fenómenos de recesión y crisis económica. Así, por ejemplo, mientras que en promedio el desempleo juvenil (15-24 años) en la Unión Europea se hallaba en septiembre de 2013 en un 23,5%, en varios países alcanzaba tasas cercanas, iguales o superiores al 50% de los inscritos en las oficinas o agencias estatales de empleo como buscadores de trabajo (Eurostat-OECD, 2013).[1]

De los datos aquí presentados se puede concluir, en primer lugar, que allí donde priman altas o medianas tasas de desempleo, los jóvenes se ven sometidos a una fuerte y creciente presión, tanto para conseguir su primer empleo como para tratar de evitar quedar desocupados prolongadamente o caer en situaciones de subempleo, en actividades ocupacionales no formales o a tener que emigrar. En segundo lugar, bajo condiciones de altas tasas de desempleo juvenil como las que actualmente se observan en numerosos países de la Unión Europea y de América Latina, es posible hipotetizar que el grupo de jóvenes que hacen transiciones biografizadas se reduce enormemente.

Finalmente, si bien la situación general de empleo de los jóvenes es altamente problemática, tanto en Europa como en América Latina, son especialmente los jóvenes Ni-Ni, así como otros en situación de pobreza y extremas dificultades de acceso al mercado laboral, los que sin posibilidades de apoyo financiero por parte de sus familias o por parte del Estado, como por ejemplo el Programa PROG.R.ES.AR (Programa de Respaldo a Estudiantes de Argentina), van quedando en situaciones de extrema vulnerabilidad, las que progresivamente derivan hacia condiciones de exclusión parcial o de total marginalización.

---

1. Entre los países más afectados se encontraban Grecia (57,3%), Croacia (52,8%) España (56,5%), Chipre (43,9%), Italia (40,4%), Portugal (36,9%) y Eslovaquia (31,1%). Tasas de desempleo juvenil entre 30% y 20% se observaban en Bulgaria (28,3%), Irlanda (28,0%), Hungría (26; 9%), Polonia (26,3%), Francia (26,1%), Bélgica (24,0%), Eslovenia (23,7%), Rumania (23,2%) y Suecia (22,8%). Tasas medianas de desempleo juvenil entre 12% y 21% se registraban para el Reino Unido (20,9%), Finlandia (20,2%), Letonia (21,0%), Lituania (21,0%), República Checa (18,8%), Luxemburgo (18,8%), Dinamarca (13,5%) y Malta (13,2%), Entre los países con bajas tasas de desempleo juvenil (entre 7,0 y 12%) destacan Alemania (7,7%), Austria (8,7%) y Países Bajos (11,7%).

Resumen y conclusiones

En el mundo globalizado, tanto en las sociedades modernas y postmodernas o en procesos de modernización, los jóvenes se ven enfrentados a una serie de exigencias, como por ejemplo la toma constante de decisiones referidas a su futuro, aun cuando los resultados sean inciertos, para poder responder y resistir a la creciente competitividad del mercado laboral. Además, los jóvenes se enfrentan con la necesidad de conciliar y mantener la coherencia entre diferentes esferas de la vida y la construcción de su propia identidad -en el contexto de la modernidad, en el cual, como dijimos, estas esferas se hayan fragmentadas e incluso, a veces, sin conexión entre ellas-; con la exigencia de que generen una biografía personal continua y coherente -a pesar de las dificultades que esto implica en una época en que los límites entre el pasado, el presente y el futuro y entre las distintas fases de la vida se han desdibujado enormemente-, y, finalmente, con la asunción de responsabilidades no sólo en el ámbito profesional, sino también en el de la seguridad social.

El presente trabajo ha puesto de manifiesto que los cambios provocados por la globalización y la modernización tienen también importantes consecuencias para los procesos de transición de la educación al empleo. A pesar de un cierto desfase temporal de estos fenómenos entre América Latina y los países europeos, es posible observar en ambas regiones que el paso de los jóvenes de la educación al empleo no se distribuye de una manera proporcional, en tanto que las desigualdades ya existentes antes de situaciones de recesión o de crisis sólo se ven reforzadas por éstas. De hecho, existe suficiente evidencia empírica que muestra que en la mayoría de los países de Europa y América Latina los jóvenes de los estratos socioeconómicos más bajos se hallan sobrerrepresentados en las variantes de rutas o itinerarios no lineares al empleo, al mismo tiempo que muestran las mayores tasas de desocupación. En este sentido, Roberts (1968, 1997) y otros han puesto de manifiesto que las oportunidades, recursos y competencias de los jóvenes para gestionar su transición de la educación al empleo y las rutas para lograrlo se hallan distribuidas de manera muy desigual, y están estrechamente asociadas a los recursos y posibilidades de acceso amplio o restringido al mercado laboral que tengan sus familias de origen en diferentes contextos económico-locales.

Junto con la existencia de diferentes factores determinantes de las trayectorias de la educación al empleo, el presente análisis ha mostrado la existencia de un conjunto diferenciado de opciones, oportunidades y de "espacios" (*milieus*) transicionales que en muchos casos ya no se encuentran organizados secuencialmente como tradicionalmente lo estaban durante la mayor parte del siglo XX. En la actualidad, por el contrario, las transiciones de los jóvenes al empleo y a la vida adulta parecen sobreponerse o ser intercambiables, y pueden ir en sentido progresivo y regresivo al mismo tiempo. Tanto en la mayoría de los países pertenecientes a la Unión Europea como en los de América Latina, para una parte importante de los jóvenes actuales, las transiciones de la educación al empleo y a la vida adulta ya no se dan en términos de un proceso linear construido a partir de decisiones racionales y elecciones personales, sino que más bien se dan como un fenómeno determinado por realidades sociales, históricas y económicas imperantes, lo que para muchos significa el encontrarse con un restringido número de opciones abiertas a la elección, al mismo tiempo que con mecanismos institucionales, sociales y económicos que configuran los contextos de emancipación posibles, que son muy diferentes para distintos grupos de jóvenes. En períodos de crisis, recesión y alto desempleo juvenil, las rutas posibles hacia el empleo y la independencia económica se ven aun más restringidas. En tales situaciones de crisis es posible observar que la educación en general, y la escuela secundaria en particular, adquieren una función de contención social, especialmente para los jóvenes de los sectores sociales medios. Tal función de la educación tiende

a relativizarse desde el momento en que el contexto económico cambia positivamente.

Como corolario de este análisis es posible asumir que
tanto en contextos de industrialización temprana o "postmodernos" (como en el caso de los países del Centro y del
Norte europeo), así como en contextos de modernización
tardía (como en varios países del Sur y del Este europeo,
y en la mayoría de los de América Latina), las condiciones
de vida y las transiciones juveniles a la vida adulta se ven
fuertemente determinadas por los acelerados cambios que
imponen los procesos de modernización científico-tecnológica y de globalización económica y cultural que, entre
otras consecuencias, generan reestructuraciones económicas y de mercado laboral, las que junto a políticas de ajuste y
de reducción del gasto social tienen un fuerte impacto sobre
las transiciones juveniles.

Para la mayoría de los jóvenes, las tendencias de cambio
analizadas generan, por un lado, un aumento de la incertidumbre y la inseguridad ante el futuro y, por el otro, la
necesidad de tener que "inventarse" a sí mismos permanentemente, lo que en muchos se ha convertido en un modo
de vida que concomitantemente los lleva a crear nuevos
modelos, no tradicionales, de transición de la educación a
la inserción laboral, de emancipación del hogar familiar, de
acceso a ciertas formas de autonomía relativa a pesar de una
larga dependencia económica de las generaciones mayores
y, finalmente, a nuevos estilos de vida, de cohabitación y de
constitución de hogares propios.

Finalmente, es necesario acotar que, si bien los datos
existentes sobre inserción laboral tanto para América Latina y el Caribe como para la mayoría de los países europeos
indican una estrecha vinculación entre diferentes niveles
de educación formal obtenidos con diferentes dificultades
de inserción laboral, dichas diferencias, en situaciones de
crisis económica o recesión, no siempre hablan en favor de
aquellos con mayores niveles de educación formal. Tanto en
Europa como en América Latina, muchos jóvenes con for-

mación universitaria de alto nivel se ven obligados a emigrar por falta de oportunidades y perspectivas de futuro.

Bibliografía citada

Bauman, Z. (2008). *Vida de consumo*, Buenos Aires: Fondo de Cultura Económica.

Beck, U. (1992). *Risk Society: Towards a New Modernity*, Londres: Sage Publications.

Beck, U. (1996). *The reinvention of politics. Rethinking Modernity in the Global Social Order*, Cambridge: Polity Press.

Beck, U. (2000). *The Brave New World of Work*, Cambridge: Polity Press.

Bendit, R. (2008). "Growing Up in the Context of Globalization and Social Change: Present and Future of Youth and Challenge for Youth and Youth Research", en Bendit, R. y Hahn-Bleibtreu, M. *Youth Transitions. Processes of social inclusion and patterns of vulnerability in a globalized world*, Opladen, Farmington Hills: Barbara Bud rich Publishers, pp. 27-40.

Bendit, R.; Hein, K. y Biggart, A. (2004). "Delayed and negotiated autonomy. Domestic emancipation of young Europeans", en *DISKURS-Studien zu Kindheit, Jugend, Familie und Gesellschaft*, 3, pp. 76-85.

Bendit, R. y Miranda, A. (2014). "Transitions to adulthood in contexts of economic crisis and post-recession. The case of Argentina", en *Journal of Youth Studies* (en prensa), pp. 1-14.

Biggart, A. *et al.* (2002). "Trayectorias fallidas, entre estandarización y flexibilidad en Gran Bretaña, Italia y Alemania Occidental", en *Revista de Estudios de Juventud, Jóvenes y transiciones a la vida adulta en Europa*, 56, pp. 11-29.

Biggart, A.; Furlong, A. y Cartmel, F. (2008). "Biografías de elección y linealidad transicional: nueva conceptualización de las transiciones de la juventud moderna", en Ben-

48 • Sociología de la educación

dit, R.; Hahn, M. y Miranda, A. (comps.). *Transiciones juveniles: procesos de inclusión social y patrones de vulnerabilidad en un mundo globalizado*, Buenos Aires: Prometeo Libros, pp. 49-71.

Blosfeld, H-P.; Klijzing, E.; Mills, M. y Kurz, K. (eds.) (2005). "Globalization, Uncertainty and Youth in Society", en *GLOBALIFE. Courses in the Globalization Process*, Londres y Nueva York.

Cachón Rodríguez, L. C. (2003). "Transition policies: strategy of actors and employment policies for young people in Europe", en López Blasco, A.; McNeish, W. y Walther, A. (eds.). *Young People and Contradictions of Inclusion. Towards Integrated Transition Policies in Europe*, Bristol: The Policy Press-University of Bristol, pp. 67-83.

Casal, J. (2000). *Capitalismo informacional, trayectorias sociales de los jóvenes y políticas de juventud. Juventudes y empleos: perspectivas comparadas*, C. L. Madrid: INJUVE.

Castells, M. (1997). *The Information Age. Economy, Society and Culture. Volume II: The Power of Identity*, Cambridge: Blackwell Publishers Inc.

Castells, M. (2006). *La sociedad red: una visión global*, Madrid: Alianza Editorial.Comisión Económica para América Latina y el Caribe (2007). *Statistical Yearbook for Latin America and the Caribbean 2006*, Publicaciones de Naciones Unidas.

Castel, R. (1997). *La metamorfosis de la cuestión social: una crónica del salariado*, Buenos Aires: Editorial Paidós.

Du Bois-Reymond, M. y López-Blasco, A. (2003). "Yoyo transitions and misleading trajectories: towards Integrated Transition Policies for young adults in Europe", en López-Blasco, A.; McNeish, W. y Walther, A. (eds.). *Young People and Contradictions of Inclusion. Towards Integrated Transition Policies in Europe*, pp. 19-41, Bristol: The Policy Press-University of Bristol.

European Commission (1997). *The Young Europeans*, Bruselas: Eurobarometer Series 47.2.

European Commission (2007). *Young Europeans. Survey among young people aged between 15-30 in the European Union. Summary*, Bruselas: Flash Eurobarometer Series 202 (trabajo de campo: enero/febrero. Informe: febrero, 2007).

Eurostat (2013). *Informe sobre el empleo* (http://goo.gl/n0YXVI).

EGRIS (2000). "¿Trayectorias encauzadas o no encauzadas?", en *Revista Propuesta Educativa*, año 10(23), Buenos Aires: FLACSO Argentina.

Filmus, D.; Miranda, A. y Otero, A. (2004). "La construcción de trayectorias laborales entre los egresados de la escuela secundaria", en Jacinto, C. (comp.). *¿Educar para que trabajo?: discutiendo rumbos en América Latina*, Buenos Aires: La Crujía ediciones-redEtis.

Filmus, D.; Kaplan, C.; Miranda, A. y Moragues, M. (2001). *Cada vez más necesaria. Cada vez más insuficiente, la escuela media en épocas de globalización*, Buenos Aires: Santillana.

Furlong, A. (2011). "Future agendas in the sociology of youth", en *Youth Studies Australia*, 30, pp. 58-63.

Giddens, A. (1990). *The Consequences of Modernity*, Oxford: Polity Press-Basil Blackwell.

Gil Calvo, E. (2011). "A roda da fortuna: viagem à temporalidade juvenil", en Machado Pais, J.; Bendit, R. y Ferreira, V. S. (orgs.). *Jovens e Rumos*, Lisboa: Instituto de Ciencias Sociais da Universidade de Lisboa, pp. 39-57.

Hornstein, W. (2008). "Youth, Youth Politics and Youth Research in the Process of Globalization", en Bendit, R. y Hahn-Bleibtreu, M. (eds.). *Youth transitions: processes of social inclusion and patterns of vulnerability in a globalized world*, pp. 41-51, Opladen, Farmington Hills: Barbara Budrich Publishers.

Hornstein, W (2011). "Youth, Youth Politics and Youth Research In the Process of Globalization", en Chisholm, L.; Kovacheva, S. y Merico, M. (eds.). *European Youth Research. Integrating research, policy and practice*, Innsbruck: M. A. EYS.

ILO (2013). *Global Employment Trends for Youth 2012,* Ginebra.

Inglehart, R. (1971). "The Silent Revolution in Europe. Intergenerational Change in Postindustrial Societies", en *American Political Science Review,* 65, pp. 991-1017.

Inglehart, R., (1997). *The Silent Revolution. Changing Values and Political Styles Among Western Publics,* Princeton: Princeton University Press.

Jacinto, C. (1996). "Desempleo y transición educación-trabajo en jóvenes de bajos niveles educativos. De la problemática actual a la construcción de trayectorias", en *Revista Dialógica,* 1, Buenos Aires: CEIL–PIETTE.

Keupp, H. *et al.* (1999). *Identitäatskonstruktionen. Das Patchwork der Identitäten in der Spätmoderne,* Munich.

Lloyd, C. B. (ed.) (2006). *Growing Up Global: The Changing Transitions to Adulthood in Developing Countries,* National Research Council and Institute of Medicine of the National Academies, Washington, D. C.: National Academies Press.

MacDonaldd, R. (2011). "Youth transitions, unemployment and underemployment", en *Journal of Sociology,* 47(4), pp. 1-18.

MacDonaldd, R. y Marsch, J. (2005). *Disconnected Youth?,* Basingtoke: Palgrave.

Machado-País, J.; Calvão Borges, G.; Pires L.; Antunes, M. *et al.* (1998). *Geracões e Valores na Sociedade Portuguesa Contemporanea,* Instituto de Ciencias Sociais da Universidade de Lisboa y Secretaría.

Machado Pais, J. (2004). "Los bailes de la memoria: cuando el futuro es incierto", *Revista Jóvenes,* año 8(20).

Miranda, A. (2007). *La nueva condición joven: educación, desigualdad y empleo,* Buenos Aires: Fundación Octubre.

Programa de Naciones Unidas para el Desarrollo (PNUD) (2010). *Sobre la juventud del Mercosur.*

Programa de Naciones Unidas para el Desarrollo (PNUD) (2013). *América Latina informe PNUD sobre Desarrollo Humano. El ascenso del Sur: Progreso Humano en un mundo diverso.* Disponible en http://goo.gl/unHvZv

Roberts, K. (1968). "The entry into employment: an approach towards a general theory", en *Sociological Review*, 16, pp. 165-84.

Roberts, K. (1995). *Youth Employment in Modern Britain*, Oxford: Oxford University Press.

Roberts, K. (1997). "Prolonged Transitions to Uncertain Destinations: the implications for careers guidance", en *British Journal of Guidance and Counselling*, 25, pp. 345-360.

Walther, A. (2006). "Regimes of youth transitions: choice, flexibility and security in young people's experiences across different European context", en *Young Nordic Journal of Youth Research*, 14(2), pp. 119-139.

Apuntes para una teoría de la justicia plural en los estudios de la juventud

HERNÁN CUERVO

Acerca del autor

Hernán Cuervo es doctorado por la Universidad de Melbourne. Licenciado en Ciencia Política por la Universidad de Buenos Aires, Argentina. Es investigador en el *Youth Research Centre* (YRC, por sus siglas en inglés) en la Universidad de Melbourne, Australia. Sus intereses de investigación se centran en la educación rural, formación docente, estudios sobre la juventud y la teoría de la justicia. Es profesor en la maestría en Educación y la maestría en Docencia de la Escuela de Graduados en Educación de Melbourne. También profesor invitado en la Facultad de Artes. Coordina el proyecto *Life Patterns* y tiene a cargo el archivo de los datos del proyecto. Este proyecto está financiado por el *National Australia Data Service* (ANDS, por sus siglas en inglés). En 2011 fue galardonado con el primer premio para la Disertación Sobresaliente en la educación rural a través de la *American Educational Research Association*, Grupo Rural de Educación Especial Interés. Tiene varios artículos publicados en revistas internacionales sobre las temáticas de educación, género, juventud rural y sobre transiciones juveniles.

Introducción

Este capítulo ofrece un abordaje a la teoría de la justicia en relación con los estudios de la juventud. En tiempos en

que la desigualdad y la inequidad vuelven a tomar fuerza
y popularidad en los análisis de las ciencias sociales (ver
Piketty, 2014; Stiglitz, 2012; Wilkinson y Pickett, 2009), es
oportuno repensar de qué hablamos cuando nos referimos
a la justicia social. Eventos recientes, como la crisis mundial financiera y el debilitamiento de la relación educación
y empleo (Brown, Lauder y Ashton, 2011; Chauvel, 2010;
Cuervo, Crofts y Wyn, 2013; ILO,[1] 2011, 2013), han generado el regreso de viejas incertidumbres sobre la transición
a la adultez, y así, han traído a luz debates académicos en
el campo de la sociología de la juventud sobre continuidad
o cambio en cuanto a las desigualdades e inequidades que
fragmentan una sociedad. De todas maneras, lo cierto es
que lo que no se discute o se pone en tela de juicio es la
necesidad de remediar las injusticias que marginalizan a
importantes sectores de la población mundial, en particular,
a los jóvenes. Por supuesto hay matices diferentes entre países desarrollados que aplican políticas de austeridad (Callinicos, 2012; López y Rodríguez, 2011) y países en vías de
desarrollo que aplican políticas postneoliberales, incluyendo una mayor participación estatal (Grugel y Riggirozzi,
2012; Rovira Kaltwasser, 2011).

Este lugar central que han vuelto a ocupar en las ciencias sociales los debates sobre la idea de justicia social ha
generado diversos problemas que atañen a la sociología de
la juventud y al análisis de las transiciones hacia la adultez.
Por ejemplo, la noción de justicia social suele ser utilizada
de manera universalista, con una fuerte posición de neutralidad e imparcialidad, y como una idea que no necesita ser
desmenuzada o analizada, ya que "todos" entendemos de
qué hablamos cuando nos referimos a ella. Es importante,
por lo tanto, proponer una mirada crítica, y mostrar las
limitaciones de la construcción universal, imparcial y neutral de la justicia; en particular, en relación con la situación

---

1. ILO son las siglas en inglés que corresponden a la International Labour
Organisation (Organización Internacional del Trabajo) [N. del E.].

actual de la juventud. Se trata de una mirada que intenta superar, al estudiarse analíticamente, la pregunta sobre a qué nos referimos cuando hablamos de justicia social.

La propuesta intenta alcanzar mayor precisión y rigurosidad conceptual sobre una teoría de la justicia plural basada en el trabajo de las últimas décadas de teóricos políticos y sociales, como John Rawls, Iris Marion Young y Nancy Fraser. Dicha pluralidad tiene como objetivo ampliar el foco de análisis desde la distribución hacia el reconocimiento y la participación en términos de la justicia y en relación con la vida de los jóvenes. De esta manera, al ampliar el espectro analítico de la teoría de la justicia, también se pluraliza el análisis sobre la cuestión de la juventud y la transición hacia la adultez, puesto que se hacen visibles en la vida de los jóvenes otras cuestiones que van más allá de la correcta y justa distribución de recursos materiales por parte del Estado y otras instituciones. En conclusión, el presente capítulo propone una visión plural y multidimensional de la justicia que pueda servir como herramienta teórica para el análisis en los estudios de la juventud.

Contra la justicia universal, imparcial y neutral

La idea y los objetivos de la justicia social ocupan un lugar preponderante en las políticas públicas destinadas a la juventud. Sin embargo, a qué nos referimos cuando hablamos de justicia social no es siempre obvio o claro. El concepto de la justicia social es una de las ideas más contenciosas y heterogéneas del espectro teórico político y social. Este concepto puede ser entendido y aplicado en términos de equidad, igualdad, mérito, distribución, participación, reconocimiento y necesidad, por enumerar algunos. Más aun, David Miller (1999) sugiere que en muchas instancias, su utilización no es más que como frase retórica en alguna política pública para conllevar el apoyo popular. En tiempos de creciente inequidad social y económica, distintos investigadores avocados a la teoría de la justica aplicada concuerdan en observar que el término "injusticia" recibe una mayor mención que su antónimo (McLeod y Yates, 2006).

Entender a qué nos referimos cuando hablamos de justicia social no es una tarea simple debido a que, por un lado, la diversidad de actores sociales, políticos y económicos en el espacio social genera distintos significados y agendas que obstaculizan la construcción de un consenso. Por otra parte, una idea universal de la justicia, según la cual todos entendemos de qué estamos hablando cuando nos referimos a ella, presupone un consenso que como consecuencia, tiende a cerrar el diálogo democrático sobre desigualdades e injusticias sufridas por distintos grupos sociales o individuos.

El concepto de universalidad en teoría de la justicia encuentra su fundamento en la idea de que se necesita una independencia de las instituciones y de las relaciones sociales si queremos construir una normativa objetiva para evaluar los procesos sociales. Es decir, el beneficio de una idea universal, imparcial y neutral de la justicia consiste en la posibilidad de edificar criterios normativos que nos ayuden a identificar injusticias en el ámbito social sin estar sujetos a una posición ideológica, política o económica que pueda favorecer o perjudicar a un individuo o colectividad. Esta visión basada en la imparcialidad (*impartiality*) tiene su fundamento en teorías liberales que sostienen la igualdad de derechos y responsabilidades para todos los individuos (Barry, 1995; Kelly, 1998).

Esta visión imparcial, universal y neutral de la justicia ha sido criticada por feministas, postestructuralistas e igualitaristas radicales, entre otros teóricos críticos políticos y sociales (Eisenberg, 2006; Miller, 2013; Young, 1990).[2] Dichos teóricos encuentran problemática la adopción de la idea liberal de una posición imparcial para la base de

---

2. Para una crítica de la derecha política (*the New Right*) a nociones universales de la justicia, véase Kenneth Minogue (1998).

nuestro razonamiento político y moral, ya que esta visión presupone la eliminación de las diferentes perspectivas que están basadas en el conocimiento personal y la experiencia, las cuales denotan las diferencias reales entre los sujetos; lo cual resulta, así, en la eliminación de todas las distinciones colectivas menos las de aquellos grupos hegemónicos. Thomas Nagel (1986, 1991) presenta un importante argumento crítico en el cual señala "la visión imparcial" como una mirada desde ninguna parte (*a view from nowhere*), que contiene una perspectiva de la justicia desde una posición utópica e inalcanzable. En la misma dirección, Iris Marion Young (1990) sostiene que la imparcialidad suele reducir cualquier diferencia social a una unidad que niega en la esfera pública la pluralidad de individuos y grupos sociales (tales como homosexuales, mujeres, gente de color, etc.), sus intereses y necesidades, bajo la construcción de estructuras de decisión jerárquicas que suelen justificar las posiciones ideológicas de los grupos dominantes en la sociedad. La eliminación de dichas subjetividades individuales y colectivas es la eliminación de la parcialidad y particularidad que define, y sostiene, la lucha de dichos grupos (Young, 1990). Por supuesto la idea no es renunciar a la posibilidad, y necesidad, de una reflexión moral, de dar un paso atrás para crear un espacio de pensamiento y análisis para evaluar procesos y conjuntos sociales; pero sí tomar conciencia de que miradas que reducen temas de la justicia a soluciones unidimensionales (*one-size fits all*) para la pluralidad de la sociedad generalmente conllevan el abandono de nuestra subjetividad en favor de otra que, generalmente, es impuesta desde posiciones dominantes.

El ideal de la imparcialidad y la juventud

En las ciencias sociales, Raewyn Connell (2004, 2007) ha presentado lo que se ha transformado en un ya clásico ataque al nortecentrismo (*Euro-US*) de la producción del conocimiento. Connell argumenta que las ciencias sociales necesitan una democratización y apertura de su cerrado sesgo universalista basado en una visión metropolitana de la construcción del conocimiento con un pasado imperialista que es ajena a relaciones de poder y dominación. Como Young y tantos otros teóricos críticos, su teoría, *Southern Theory*, reclama el reconocimiento de las vivencias y los discursos basados en distintas particularidades políticas, económicas, culturales y espaciales, en particular de parte de aquellos grupos subordinados. Para Connell, el problema radica en que el sujeto del Sur es siempre conocido, fuente empírica de la teoría metropolitana, pero no el que construye el conocimiento.

En el campo de la sociología de la juventud sucede algo similar con políticas públicas universalistas, que se presentan como imparciales y neutrales. Considérese el caso de la transición de la juventud a la adultez. Dicha transición ha sido una obsesión para aquellos involucrados en investigaciones y políticas públicas sobre la juventud y la educación, donde marcos teóricos elaborados hace un cuarto de siglo no logran en la actualidad ofrecer soluciones a la crónica y creciente relación de desigualdad en la juventud (Cuervo y Wyn, 2014). Dichos marcos teóricos construían las transiciones a la adultez como lineales e ininterrumpidas, en las cuales los individuos o grupos sociales que no logran transitar dicho camino son vistos políticamente como "en riesgo" (Cuervo y Wyn, 2011; Furlón y Cartel, 2007; Te Riele, 2005). Bendit y Miranda (2013), analizando el contexto argentino, afirman que las transiciones de la juventud a la adultez ya no se pueden entender como "lineales, estandarizadas y homogéneas", sino más bien como "fragmentadas, diferenciadas y reversibles".

Sobre la base de la perspectiva propuesta en la conceptualización de Young (1990), en la juvenología las visiones universalistas de la transición pasan por alto las particularidades sociales de distintos grupos que cuentan con menores recursos estructurales e individuales y encuentran mayores obstáculos para la realización en sus trayectorias que lo que pregonan las políticas públicas y la opinión pública. Un claro ejemplo del carácter normativo y sus efectos sobre la visión de la juventud se presenta entre los jóvenes que habitan en zonas rurales, o que provienen de zonas socio-económicamente afluentes, los cuales encuentran fuertes obstáculos institucionales, financieros, culturales y espaciales durante su transición a la adultez. Dichos obstáculos, que no se les presentan en la misma medida a aquellos/as jóvenes que viven en zonas urbanas, en particular a aquellos de estratos más altos, forman una dinámica de desigualdad e inequidad que se produce en distintas geografías y sociedades de distintos niveles de desarrollo. Exigir a los sectores rurales juveniles replicar con exactitud, como si fuese un espejo, las transiciones de estratos socioeconómicos medios y altos urbanos significa preparar a muchos de estos jóvenes para condiciones de vida más arduas, así como incrementar las posibilidades de no alcanzar los estándares que implica dicha transición normativizada.

Hacia una justica social multidimensional

Los debates sobre teoría de la justicia durante las décadas de 1970 y 1980 estuvieron dominados por la dimensión distributiva, con un fuerte anclaje anglo-americano (por ejemplo, Ackerman, 1980; Dworkin, 1981a, 1981b; Rawls, 1972). En estas posturas, "distribución de la riqueza" es utilizado como sinónimo de "justicia" (Boucher y Kelly, 1998; Miller, 1999). La revitalización de la noción de justicia en el campo de la filosofía política, y *a posteriori* en las ciencias sociales, fue un enfoque desarrollado por John Rawls en su monumental tratado *Una teoría de la justicia* (1972). En dicho trabajo, en breves palabras, Rawls argumenta que el objeto primario de la justicia es la estructura básica de la sociedad; es decir, cómo las principales instituciones sociales distribuyen beneficios y responsabilidades al interior de la sociedad y cómo moldean la división de ventajas que surgen a partir de la cooperación social. Uno de los puntos principales y más comentados de Rawls es su principio de la diferencia, en el cual se establece que las inequidades sólo se justifican en una sociedad si están dadas para beneficiar a aquellos más desfavorecidos. Lo importante para este capítulo centrado en la justicia y la juventud es el enfoque basado en la distribución equitativa de beneficios y bienes materiales que la justicia social adquiere en aquella época. Estas políticas distributivas se ven en la educación, por ejemplo, en el mayor financiamiento estatal de la escuela primaria y secundaria y la expansión de la educación obligatoria, y en la búsqueda de la participación de grupos sociales postergados en la educación superior con políticas, directas e indirectas, de acción afirmativa (*affirmative action*) a escala global.

Los debates contemporáneos sobre la justicia han sido testigos del enfrentamiento entre políticas distributivas y del reconocimiento (*identity politics*) sustentadas por críticos teóricos y comunitaristas (Fraser, 1997, 2008; Honneth, 2003; Phillips, 1997; Taylor, 1994; Walzer, 1983). Hasta ese momento, la justicia social había quedado captiva de la dimensión distributiva, que promovía sólo un lado de la moneda (Forst, 2007). Nancy Fraser (1997) caracteriza dicho proceso de debate como el *eclipse* de las políticas sociales por parte de las políticas culturales, mientras que Anne Phillips (1997) habla de un *desplazamiento* de lo material y la lucha de clase por parte de lo cultural y la política de identidad. Dentro de este debate, lo que interesa destacar es que las políticas del reconocimiento cuestionan la hegemonía de la dimensión distributiva y la idea de imparcialidad, en tanto intentan construir un espacio público heterogéneo basado en una conceptualización positiva de la diferencia de grupo (Young, 1990). Dicha política de reconocimiento pone el énfasis en la diferencia positiva de valores y culturas que sustentan la dignidad, la autoestima y el respeto por cada individuo y grupo social. Charles Taylor (1994) argumenta que la identidad de un individuo está condicionada por su reconocimiento o la ausencia de dicho reconocimiento por parte de otros, y que la negación de la cultura, los valores y la identidad de un sujeto puede resultar en una forma de opresión y marginalización, una visión distorsionada y reducida de una manera de ser.

Iris Marion Young ha sido una de las principales teóricas en este desplazamiento de lo material por lo cultural. Es erróneo pensar y argumentar que Young no otorga ninguna importancia a cuestiones de la justicia que tienen que ver con la distribución de bienes materiales. Más bien su posición se basa en expandir los debates sobre la justicia a cuestiones estructurales; esto es, descubrir cómo ciertos grupos sociales han carecido sistemáticamente de una representación en el espectro político (por ejemplo, mujeres, afroamericanos en Estados Unidos, etc.). Young (1990) pone el acento en la opresión, la dominación y la marginalización como cuestiones centrales de la (in)justicia, y alimenta la esperanza de que este énfasis permita hacer más visible que las injusticias tienen que ver con procesos y estructuras, con cuestiones simbólicas y culturales, y no tan sólo distributivas. Al centro de este reclamo de una justicia como reconocimiento se encuentra una visión del individuo como un agente activo, como un actor capaz de elegir y tomar decisiones que afectan su vida, y no como un actor pasivo receptor, poseedor y consumidor de bienes materiales.

De esta forma, la autora sostiene que la justicia social constituye el basamento del sustento de un sujeto activo en un espacio público heterogéneo de respeto y participación de todos los grupos sociales, en contra de una reificación de lo material que desvanece del debate cuestiones de poder y autonomía de los individuos. Más aun, para Young las políticas distributivas tienden a ignorar el aspecto procedimental de la justicia y los análisis institucionales de la dominación y opresión basados en diferencias culturales, las cuales son producto de procesos y relaciones sociales. Ausentes de dicha dimensión distributiva de la justicia están cuestiones estructurales e institucionales tales como la división del trabajo y procesos de decisión, que afectan la vida de aquellos marginalizados; así como también quién decide cómo y a quién se le distribuyen beneficios y bienes materiales.

Nancy Fraser (1997, 2008) ha sido otra de las filósofas políticas que ha encabezado este desplazamiento de lo material a lo cultural. Mientras que Young ha puesto el énfasis más en la política de reconocimiento, Fraser ha intentado aunar esta brecha o creciente dicotomía entre lo distributivo y lo cultural. En tanto que en el campo de lo analítico Fraser presenta ambas posiciones polarizadas, como una dicotomía, en lo práctico ha intentado asociarlas, y demostrar que mientras exista una tensión entre ambas posiciones, un individuo puede sufrir injusticias económicas y culturales al mismo tiempo. Fraser (2003) y Young (1997) han sostenido un debate académico que muestra importantes diferencias entre ambas, y es de utilidad en este capítulo concentrarse en el carácter relacional, institucional, estructural y cultural que estas dos teóricas han añadido al debate de la justicia social contemporánea. En efecto, es importante observar cómo esta corriente "cultural" ha intentado cuestionar las instituciones que determinan los modelos distributivos y que no tienen en cuenta cuestiones de autodeterminación y autodesarrollo de los distintos sujetos y grupos sociales (Young, 1990, 2000).

Young (1990, 2001, 2006), de manera algo más implícita, y Fraser (2008, 2010), de forma explícita, expanden el debate de la justicia social al terreno de la participación (política), en tanto la posibilidad de cada individuo y grupo social de tomar decisiones que afectan su vida diaria. Fraser (2008, 2010) amplía su idea de justicia económica y cultural hacia lo político-participativo, donde lo que está en juego es la representación equitativa de los distintos intereses sociales. Aquí, la teórica social nos invita a pensar quién está incluido, quién cuenta como miembro de una sociedad o comunidad. Estos cuestionamientos son relevantes ya que el establecimiento de un criterio social de pertenencia en el sentido de una dimensión política de la justicia nos permite dilucidar quién está incluido, o excluido, de los procesos de distribución y reconocimiento.

Por su parte, en su libro *Inclusion and Democracy*, Young (2000) reafirma que cuestiones de poder en las tomas de decisiones no pueden ser meramente reducidas a un modelo distributivo del liberalismo, sino que aquí también procesos democráticos deben asegurar la participación y el respeto de las voces de todos los individuos y grupos sociales, inclusive aunque éstos generen diferencias y conflictos. Partiendo de la ética comunicativa habermasiana, que es unificadora y racionalista, Young amplía dicha idea al argumentar que la comunicación no es tan sólo deliberación y argumentos racionales y sofisticados de parte de sujetos con recursos materiales e intelectuales. La filósofa política argumenta, sobre los presupuestos de la teoría habermasiana, la potencialidad de participación de aquellos/as de menores recursos de comunicar sus necesidades, intereses y experiencias a través de reclamos, gestos, demostraciones, trabajos de artes, historias (*story-telling*) y otras instancias de comunicación de carácter deliberativo (Young, en Sardoc y Shaughnessy 2001: 100). De tal manera, la idea es la de afirmar diferencias y distintas particularidades sociales y culturales que disputen la construcción de un espacio público homogéneo, supuestamente basado en constituciones normativas imparciales, para dar lugar a otro deliberativo donde distintas acciones comunicativas tienen lugar.

Hacia una visión de la juvenología plural

Transición es un concepto y una práctica compleja que yace al centro de las políticas públicas educativas y de juventud. Hasta hace poco, solamente los "marginalizados" (por ejemplo, los jóvenes de menores recursos económicos o provenientes de áreas rurales empobrecidas) que no lograban adquirir las credenciales educativas necesarias no llegaban a insertarse con éxito en el mercado laboral, y por ende, eran testigos de transiciones incompletas o fallidas (Brown, Lauder y Ashton, 2011; Cuervo, Crofts y Wyn, 2013; Wyn, 2009). Johanna Wyn (2013) presenta un argumento contundente al aseverar que estas "excepciones" han tenido como función probar que la educación funcionaba y era neutral, y que si tan sólo aquellos marginalizados pudieran replicar los patrones de participación educativa de sus pares más privilegiados, entonces serían capaces de encontrar un empleo de calidad. En otras palabras, el señalamiento sobre los "marginalizados" daba cuenta de la eficacia del universalismo e imparcialidad de las transiciones lineales.

Sin embargo, estudios sobre la juventud y las transiciones revelan que en la últimas dos décadas el nexo educación-trabajo se ha debilitado, y las garantías que una educación terciaria ofrecía en el mercado laboral, inclusive a aquellos de clases medias, se han convertido cada vez más difíciles de materializar (Andres y Wyn, 2010; Ball, 2006; Brown *et al.*, 2011; Chauvel, 2010; Cuervo *et al.*, 2013; Miranda, 2007; Miranda y Salvia, 1999). Wyn (2009, 2013) afirma que las transiciones y el nexo educación-trabajo han sido siempre complejos, más complejos de lo que las políticas públicas sugieren, y que la crisis financiera mundial de hace unos años ha complicado aun más dichos procesos.

Análisis provenientes de la OECD (2009, 2010, 2014) confirman que en sus países miembros, así como en países no miembros, emergentes y desarrollados, los jóvenes han sido uno de los grupos más afectados por la recesión financiero-económica mundial, en términos de incrementos en el número de jóvenes sin trabajo, sin estudiar ni trabajar, e inclusive los jóvenes han reemplazado a los individuos de tercera edad como el grupo que ha experimentado un mayor riesgo de caer en la pobreza. Dicha preocupación con la creciente situación precaria de los jóvenes ha llevado a la organización a referenciar la idea del peligro de la creación de una "generación marcada o estigmatizada"

(*scarred generation*) (OECD, 2010), que viene siendo parte de
un debate académico, político y económico (ver Chauvel,
2010; Cruces, Ham y Viollaz, 2012; Cuervo *et al.*, 2013;
EUC, 2014; ILO, 2011; Morsy, 2012; Wyn, Cuervo y Landstedt, 2015). Por supuesto, al interior de cada región y de
cada país se encuentran diferencias en los niveles de desempleo, empleo precario e informal (por ejemplo, ver Viollaz, 2014, para un análisis comparativo en América Latina);
sin embargo, la intención aquí es presentar una perspectiva global teórica.

Según este debate, períodos extensos de desempleo,
pobreza, escasez de oportunidades al acceso a una educación de calidad y el trabajo precario e inseguro para los
jóvenes los aleja de la posibilidad de construir cimientos
sólidos para una vida productiva social. Este tipo de coctel
de precariedad y desventajas aumenta las posibilidades de
un joven de continuar desempleado, lo cual representa un
"momento" de su vida que es muy difícil de recobrar (Cuervo *et al.*, 2013). Por supuesto que un efecto de esta marca
o cicatriz (*scarring effect*) es la pérdida de ingresos monetarios y ahorros en la vida de un individuo, pero también
la pérdida de confianza, autoestima, respeto y competitividad ante otros grupos sociales e individuos en el mercado
laboral. Por ejemplo, en Japón de los años 1990, la llamada
"década perdida", el desempleo juvenil doblaba al desempleo
general, y una vez alcanzada la recuperación económica en
el nuevo siglo, los empleadores prefirieron dar trabajo a
nuevos graduados antes que a aquellos que llevaban algunos
años sin trabajar, lo cual dio como resultado una generación
perdida (Morsy, 2012).

La Organización Mundial del Trabajo (ILO, 2011,
2013) advierte que el concepto de *scarring effect*, además
de aplicarse a la juventud de países económicamente desarrollados, también se aplica a jóvenes de países en vías de
desarrollo. Por ejemplo, a simple vista, dice la organización, los altos índices de empleo juvenil en las regiones del
este asiático y el sub-Sahara africano parecerían demostrar

que las condiciones económicas laborales son mejores ahí que en los países mediterráneos europeos. Sin embargo, los jóvenes de regiones asiáticas y africanas se encuentran atrapados en un círculo vicioso de empleo precario y de subsistencia, sin posibilidad de acceso a la educación y sin perspectivas de un mejor futuro que sobrevivir (ILO, 2011, 2013). Se produce de esta manera, con los efectos de marca y estigmatización, la pérdida de esperanza de una generación (ILO, 2011, 2013). Es una situación que repercute en la sociedad, en la posibilidad de la creación de conflictos intergeneracionales, que tendrán consecuencias a la hora de decidir la distribución de bienes materiales al interior de la sociedad, y posibles incrementos en los costos sociales a futuro (por ejemplo, en salud, educación, seguridad, etc.).

Continuidad y cambio en la sociología de la juventud

La compleja interacción entre educación y empleo, la creciente inequidad social en países desarrollados y en vías de desarrollo con el consecuente impacto en los jóvenes de menores recursos, y la posibilidad de la creación de una generación "perdida" o "marcada" contienen diversas implicaciones para la juventud y sus transiciones. Por ejemplo, la creciente inequidad social, económica y financiera al interior de las sociedades produce un eco de reclamos de un regreso del paradigma distributivo anclado en cuestiones de clase social como factor determinante a la hora de promover y ejecutar políticas públicas relacionadas con la justicia social. Este regreso a la justicia distributiva presupone para los estudios de la juventud la necesidad de un análisis crítico sobre viejas y nuevas formas de desigualdad e inequidad que afectan las oportunidades de los jóvenes.

En el campo de la sociología de la juventud ha habido un extenso debate sobre la existencia de continuidad o cambio social en las formas en que se hacen visibles las desigualdades (Furlong y Cartmel, 2007; Goodwin y O'Connor, 2005; MacDonald, 2011; Roberts, 2013; Woodman y Wyn,

2013; Wyn y Woodman, 2006, Bendit y Miranda, 2014; Saravi, 2014). Por un lado, se afirma que algunos estudios empíricos tienden a exagerar el grado de cambio social y nuevas formas de desigualdad en la vida de los jóvenes; mientras que otros estudios aseguran que el grado de rompimiento con el pasado es tal que las nuevas desigualdades no pueden ser atendidas por antiguos reclamos basados en una justicia distributiva y económica. La creación de una dicotomía entre continuidad-cambio o viejas-nuevas desigualdades limita el análisis de transiciones juveniles, y por ende, la posibilidad de desarrollar políticas públicas que contribuyan a una sociedad más equitativa. Woodman (2009) y Woodman y Wyn (2013) sostienen que la reproducción de desigualdades en los estudios de la juventud es un tema mucho más complejo que la creación de una dicotomía. Es decir, los investigadores argumentan que las formas tradicionales de inequidad, como clase social y género, no niegan la posibilidad de cambio social sino que el trabajo de los sociólogos de la juventud es el de entender cómo estas viejas formas, y las nuevas, de desigualdad se van (re)creando en la sociedad del siglo XXI.

De esta manera, para atender a la persistencia de viejas y nuevas injusticias se necesita un enfoque plural con respecto a la justicia social. Nos referimos aquí a políticas públicas que generen condiciones y oportunidades laborales y educativas, significativas y de calidad, a distintos estratos sociales a través de una redistribución de recursos materiales, pero también nos referimos a la construcción y consolidación del respeto y promoción de los distintos grupos sociales, de modo tal que dichos grupos puedan ejercer una autonomía y control en las decisiones que afectan su vida. Esta justicia basada en políticas de distribución y reconocimiento también debe ir acompañada por la apertura de la participación política de los sectores desplazados. De esta forma, es la acumulación de las distintas dimensiones de la justicia social la que posibilita una disminución de las desigualdades sociales. Cierto es, como argumenta

Fraser (1997, 2008), que en algunos casos algunos grupos se verán necesitados de una dimensión de la justicia más que de otra, pero como también argumenta esta teórica social, diferentes dimensiones de la justicia deben complementarse, caminar juntas, más que ser situadas en dicotomías o como excluyentes.

La juventud en espacios rurales representa un claro ejemplo de la necesidad de una justicia plural (Cuervo, 2014; Cuervo y Wyn, 2011, 2012, 2014). Ante marcos teóricos y políticas públicas rígidas que representan una transición exitosa a través del paso de la escuela secundaria a la educación terciaria y luego al pleno empleo, buena parte de la juventud rural, tanto en países desarrollados como en vías de desarrollo, necesita de las distintas dimensiones de la justicia para alcanzar dicha transición exitosamente. En esta dirección, existe en zonas rurales una necesidad de contar con mejores recursos materiales a partir de una mejor redistribución de bienes que permita a los jóvenes contar con mejores servicios educativos de calidad (así como también sanitarios, de comunicación, transporte, etc.) que permitan el acceso de un nivel educativo a otro.

Asimismo, existe una necesidad del reconocimiento de la diversidad cultural en cuanto a los intereses y necesidades de cada grupo social, por ejemplo de aquellos jóvenes aborígenes para los cuales los valores de una transición de la ruralidad a la urbanidad no reviste de ningún beneficio, utilidad o resonancia, y quienes ven en un modelo de pertenencia (*belonging*) a su cultura una mayor importancia para su futuro. Para estos jóvenes, el respeto a su identidad y cultura representa una condición *sine qua non* de la justicia. Por último, dichos grupos rurales, tanto aquellos que desean emigrar a la ciudad en busca de mejores o distintas oportunidades educativas y laborales como aquellos que desean permanecer en sus comunidades necesitan también la posibilidad de hacer valer sus opiniones en su propia voz e idioma (Young, 1990), de tal manera que puedan tomar parte en la toma de decisiones en cuestiones que afectan su vida. De nada sirve implementar políticas redistributivas, de reconocimiento o participación si éstas no son valoradas por aquellos a quienes están dirigidas.

Ante un paisaje de transiciones más complejas, fragmentadas y desestandarizadas que en el pasado, y ante la multiplicidad e interseccionalidad de las desigualdades, remediar las injusticias sociales, políticas, económicas y culturales de una sociedad, en donde los jóvenes tienden a ser el grupo más vulnerable, no es una tarea sencilla. Esta tarea requiere una mejor distribución de bienes, un mayor respeto a la identidad y cultura de cada grupo social y una mayor y más equitativa participación de todos los jóvenes en las decisiones que importan en su vida.

Conclusión

El presente capítulo propone una visión plural y multidimensional de la justicia que pueda servir como herramienta teórica para el análisis en los estudios de la juventud. A la ya clásica justicia distributiva, con su equitativa asignación de bienes materiales, se propone también adherir las dimensiones de reconocimiento y participación como herramientas que cuestionen valores universales e imparciales, en este caso, que constituyen una transición a la adultez exitosa. Huelga mencionar una vez más que la intención en este capítulo no es la de descartar la necesidad de políticas distributivas, al contrario, se han destacado de manera explícita los desafíos que enfrenta la juventud en su transición y el carácter de justicia económica que se necesita en especial en el vínculo educación-trabajo. Más aun, es importante mencionar que discursos y visiones multiculturales que niegan cuestiones relacionadas con la política económica y se concentran tan sólo en temas culturales o de reconocimiento corren el riesgo de exacerbar las injusticias a las cuales sectores de menores recursos económicos se ven sujetos a diario. Lo cierto es que los investigadores sobre la transición a la vida adulta no dejan dudas de la complejidad que dicho fenómeno o proceso ha alcanzado, y que una sola dimensión de la justicia no bastará para construir una sociedad más equitativa basada en una juventud a la que se le ofrezca oportunidades significativas y válidas para construir un futuro mejor.

Bibliografia citada

Ackerman, B. (1980). *Social justice in the liberal state*, New Haven, CT: Yale University Press.

Andres, L. y Wyn, J. (2010). *The making of a generation: the children of the 1970s in adulthood*, Toronto: University of Toronto Press.

Ball, S. (2006). *Education policy and social class: the selected works of Stephen Ball*, Londres: Routledge.

Barry, B. (1995). *Justice as Impartiality*, Oxford: Oxford University Press.

Bendit, R. y Miranda, A. (2013). "Trayectoria y expectativa de los egresados de la secundaria en Argentina", en *DAAPGE*, 13(21), pp. 6-20.

Boucher, B. y Kelly, P. (eds.) (1998). *Social Justice: From Hume to Walser*, Londres y Nueva York: Routledge.

Brown, P.; Lauder, H. y Ashton, D. (2011). *The global auction: The broken promise of education, jobs and incomes*, Oxford: Oxford University Press.

Callinicos, A. (2012). "Contradictions of austerity", en *Cambridge Journal of Economics*, 36, pp. 65-77.

Chauvel, L. (2010). "The long-term destabilization of youth, scarring effects, and the future of the welfare regime in post-trente glorieuses France", en *French Politics, Culture y Society*, 28(3), pp. 74-96.

Connell, R. (2004). "Una teoría sureña", en *Nómadas*, 20, pp. 36-45.

Connell, R. (2007). *Southern Theory: The Global Dynamics of Knowledge in Social Science*, Cambridge: Polity Press.

Cruces, G.; Ham, A. y Viollaz, M. (2012). "Scarring Effects of Youth Unemployment and Informality: Evidence from Argentina and Brazil", en el proyecto *Mercados laborales: el crecimiento inclusivo en América Latina*, Centre for Distributive, Labour and Social Studies (CEDLAS), Buenos Aires: Universidad Nacional de La Plata.

Cuervo, H. (2014). "Critical reflections on youth and equality in the rural context", en *Journal of Youth Studies*, 17(4), pp. 544-557.

Cuervo, H. y Wyn, J. (2011). "Rethinking youth transitions in Australia: A historical and multidimensional approach", *Research Report* 33, Youth Research Centre. Melbourne: University of Melbourne.

Cuervo, H. y Wyn, J. (2012). *Young people making it work: continuity and change in rural places* Melbourne: Melbourne University Press.

Cuervo, H. y Wyn, J. (2014) "Reflections on the use of spatial and relational metaphors in youth studies", en *Journal of Youth Studies*, 17(7), pp. 901-915.

Dworkin, R. (1981a). "What is Equality? Part 1: Equality of Resource", en *Philosophy and Public Affairs*, 10, pp. 185-246.

Dworkin, R. (1981b). "What is Equality? Part 2: Equality of Welfare", en *Philosophy and Public Affairs*, 10, pp. 283-345.

Eisenberg, A. (2006). "Education and the Politics of Difference: Iris Young and the politics of education", en *Educational Philosophy and Theory*, 38(1), pp. 7-23.

European Union Committee (EUC)-House of Lords (2014). *Youth unemployment in the EU: a scarred generation?* Reporte de sesión N° 12, 2013-14, Londres: The Stationery Office Limited.

Forst, R. (2007). "Radical justice: On Iris Marion Young's Critique of the 'Distributive Paradigm'", en *Constellations*, 14(2), pp. 260-265.

Fraser, N. (1997). *Justice Interruptus: Critical Reflections on the 'Postsocialist' Condition*, Nueva York: Routledge.

Fraser, N. (2003). "Social Justice in the Age of Identity Politics: Redistribution, Recognition, and Participation", en N. Fraser y A. Honneth (eds.). *Redistribution or Recognition? A Political-Philosophical Exchange*, Londres y Nueva York: Verso.

Fraser, N. (2008). *Scales of Justice: Reimagining Political Space in a Globalizing World*, Cambridge: Polity Press.

Fraser, N. (2010). "Injustice at intersecting scales: On 'social exclusion' and the 'global poor'", en *European Journal of Social Theory*, 13(3), pp. 363-371.

Furlong, A. y Cartmel, F. (2007). *Young people and social change: New perspectives* (2° ed.), Maidenhead: Open University Press.

Goodwin, J. y O'Connor, H. (2005). "Exploring Complex Transitions: Looking Back at the 'Golden Age' of Youth Transitions", en *Sociology*, 39(2), pp. 201-220.

Grugel, J. y Riggirozzi, P. (2012). "Post-neoliberalism in Latin America: Rebuilding and Reclaiming the State after Crisis", en *Development and Change*, 43(1), pp. 1-12.

Kelly, P. J. (1998). "Contractarian social justice: An overview of some contemporary debates", en Boucher, D. y Kelly, P. (eds.). *Social Justice: From Hume to Walser*, Londres y Nueva York: Routledge.

Honneth, A. (2003). "Redistribution as Recognition: A Response to Nancy Fraser", en N. Fraser y A. Honneth (eds.). *Redistribution or Recognition? A Political-Philosophical Exchange*, Londres y Nueva York: Verso.

International Labour Organization (ILO) (2011). *The Global Employment Trends for Youth: 2011 Update*, Ginebra: ILO.

International Labour Organization (ILO) (2013). *The Global Employment Trends for Youth: A generation at risk*, Ginebra: ILO.

López, I. y Rodríguez, E. (2011). "The Spanish model", en *New Left Review*, 69, pp. 5-28.

MacDonald, R. (2011). "Youth transitions, unemployment and underemployment: plus ça change, plus c'est la même chose?", en *Journal of Sociology*, 47(4), pp. 427-44.

McLeod, J. y Yates, L. (2006). *Making Modern Lives: Subjectivity, Schooling and Social Change*, Albany: State University of New York Press.

Miller, D. (1999). *Principles of Social Justice*, Cambridge, MA: Harvard University Press.

Miller, D. (2013). *Justice for Earthlings: Essays in Political Philosophy*, Cambridge: Cambridge University Press.

Minogue, K. (1998). "Social justice in theory and practice", en Boucher, D. y Kelly, P. (eds.). *Social Justice: from Hume to Walzer*, Londres y Nueva York: Routledge.

Miranda, A. (2007). *La nueva condición joven: educación, desigualdad y empleo*, Buenos Aires: Fundación Octubre.

Miranda, A. y Salvia, A. (1999). "Norte de Nada: los jóvenes y la exclusión en la década del 90", en *Realidad Económica*, 165, pp. 110-124.

Morsy, H. (2012). "Scarred Generation", en *Finance y Development*, 49(1), pp. 15-17.

Nagel, T. (1986). *The view from nowhere*, Nueva York: Oxford University Press.

Nagel, T. (1991). *Equality and Partiality*, Nueva York: Oxford University Press.

Organisation for Economic Cooperation and Development (OECD) (2009). *Jobs for Youth, Australia*, Paris: OECD.

Organisation for Economic Cooperation and Development (OECD) (2010). *Off to a Good Start? Jobs for Youth*, París: OECD.

Organisation for Economic Cooperation and Development (OECD) (2014). *Rising inequality: youth and poor fall further behind*, París: OECD.

Phillips, A. (1997). "From Inequality to Difference: A severe Case of Displacement?", en *New Left Review*, I(224), pp. 143-153.

Piketty, T. (2014). *Capital in the Twenty-First Century*, Cambridge: Belknap Press.

Rawls, J. (1972). *Teoría de la justicia*, México D. F.: Fondo de Cultura Económica.

Roberts, K. (2003). "Problems and priorities for the sociology of youth", en Bennett, A.; Cieslik, M. y Miles, S. (eds.). *Researching Youth*, Basingstoke: Palgrave Macmillan, pp. 131-28.

Sardoc, M. y Shaughnessy, M. (2001). "An Interview with Iris Marion Young", en *Educational Philosophy and Theory*, 33(1), pp. 95-101.

Stiglitz, J. (2012). *El precio de la desigualdad*, Madrid: Taurus.

Rovira Kaltwasser, C. (2011). "Toward post-neoliberalism in Latin America?", en *Latin American Research Review*, 46(2), pp. 225-234.

Taylor, C. (1994). *Multiculturalism: examining the politics of recognition*, Princeton: Princeton University Press.

Te Riele, K. (2005). "Transition complexities in a knowledge/risk society", en N. Bagnall (ed.). *Youth Transition in a Globalised Marketplace*, Nueva York: Nova.

Walzer, M. (1983). *Spheres of Justice: A Defence of Pluralism and Equality*, Oxford: Martin Robertson.

Wilkinson, R. y Pickett, K. (2009). *Desigualdad: un análisis de la (in)felicidad colectiva*, Madrid: Turner.

Woodman, D. (2009), "The mysterious case of the pervasive choice biography: Ulrich Beck, structure/agency, and the middling state of theory in the sociology of youth", en *Journal of Youth Studies*, 12(3), pp. 243-56.

Woodman, D. y Wyn, J. (2013). "Youth policy and generations: why youth policy needs to rethink youth", en *Social Policy and Society*, 12(2), pp. 265–75.

Woodman, D. y Wyn, J. (2009). *Touching the future: building skills for life and work*, Melbourne: Australian Council for Educational Research.

Woodman, D. y Wyn, J. (2013). "Youth transitions in difficult times: Where and how do young people belong?", discurso inaugural pronunciado en la conferencia de la British Education Research Association (BERA), Sussex.

Wyn, J.; Cuervo, H. y Landstedt, E. (2015). "The limits of wellbeing", en K. Wright y J. McLeod (eds.). *Re-thinking youth wellbeing: Critical perspectives*, Singapore: Springer.

Young, I. M. (1990). *Justice and the Politics of Difference*, Princeton: Princeton University Press.

Young, I. M. (1997). "Unruly Categories: A Critique of Nancy Fraser's Dual Systems Theory", en *New Left Review*, 222, pp. 147-160.

Young, I. M. (2000). *Inclusion and democracy*, Oxford: Oxford University Press.

Young, I. M. (2001). "Equality of Whom? Social Groups and Judgements of Injustice", en *The Journal of Political Philosophy*, 9(1), pp. 1-18.

Young, I. M. (2006). "Education in the Context of Structural Injustice: A symposium response", en *Educational Philosophy and Theory*, 38(1), pp. 93-103.

Aportes para una lectura crítica del vínculo entre la juventud, la educación y el mundo del trabajo

ANA MIRANDA

Acerca de la autora

Ana Miranda es doctora en Ciencias Sociales por la Facultad Latinoamericana de Ciencias Sociales (FLACSO), Argentina. Licenciada en Sociología y magister en Políticas Sociales por la Universidad de Buenos Aires. Investigadora adjunta del CONICET (2010 hasta la actualidad, asistente desde 2007). Docente de la Universidad de Buenos Aires. Miembro del Comité Directivo de la Asociación Latinoamericana de Sociología del Trabajo (ALAST, 2013-2016). Se ha desempeñado como profesora en la Universidad Autónoma de Barcelona (visitante), Universidad del Salvador y Universidad de General Sarmiento. En el año 2001 obtuvo el Primer Premio y en 2008 el Segundo Premio del Concurso Domingo Sarmiento de la Academia Nacional de Educación Argentina. Sus trabajos están vinculados con las temáticas de juventud, educación y trabajo, área sobre la cual ha desarrollado una fuerte actividad de transferencia hacia la gestión y el diseño de políticas pública, que son sus principales temas de investigación.

Introducción

El análisis sobre las características que asume el vínculo entre la educación y el trabajo ha sido fuente de amplios debates desde mediados del siglo XX. A partir de los años 1950 y en el contexto de un fuerte crecimiento económico, la expansión de investigaciones sobre los aportes de la educación al desarrollo y a la movilidad social –sobre todo de las clases medias– representó un hecho sustantivo al interior de las ciencias sociales, y quedaron plasmadas en un conjunto de obras denominadas como la "perspectiva del capital humano" (Becker, 1983). Éstas tuvieron un fuerte predicamento en América Latina a través de las corrientes de planeamiento asociadas a la óptica de los recursos humanos y a la teoría de la modernización y el desarrollo.

La fortaleza que adquirieron los argumentos de la teoría del capital humano significó que muchos de sus conceptos básicos se convirtieran en axiomas, prácticamente indiscutidos, en la esfera pública, en medios académicos y políticos. Afirmaciones tales como "la educación representa una 'inversión', no un gasto", "las personas con mayor nivel educativo reciben (deben recibir) mayores ingresos laborales" gozan de una gran legitimidad social aún en nuestros días. Sin embargo, ya sobre mediados de los años 1960, un conjunto de trabajos críticos desarrollados desde la sociología de la educación pusieron en cuestión el efectivo aporte económico de la educación, tanto a nivel social como a nivel individual.

Los estudios de las corrientes críticas plantearon que la educación (es decir, el sistema educativo y los diplomas) tiene la función social de ocultar las efectivas relaciones de poder, dando legitimidad –a través de la meritocracia– a la reproducción general de la estructura de clases. La educación no contribuye a la realización económica, sino que está encargada de legitimar las desigualdades de origen premiando el "éxito escolar" de los ricos. El vínculo entre la educación y el empleo se encuentra intermediado por la distribución misma de la educación, lo cual se puede observar a través del análisis de la organización del sistema educativo capitalista, el cual distribuye en distintos tipos de escuelas y/o circuitos educativos a los alumnos según su pertenencia de clase. Hay escuelas o circuitos educativos que enseñan a trabajar a los hijos de la clase obrera, y escuelas o circuitos que enseñan a mandar y administrar a los hijos de la burguesía. Es decir que prevalece una "correspondencia" entre lo que los/as alumnos/as aprenden y la tarea que realizarán en el puesto laboral, en dirección a la reproducción de la estructura de clases (Bowles y Gintis, 1981).

Las tensiones del vínculo entre la educación y el trabajo, sobre todo en relación con la contribución de la educación y el sistema educativo en la democratización o la reproducción de las oportunidades y accesos que las personas traen de la cuna, continúan aún vigentes. Alrededor de los años 1980 y desde un enfoque que proponía cuestionar la noción de correspondencia que había dominado el debate tanto entre las perspectivas optimistas-funcionalistas como en las pesimistas-reproductivistas, R. Boudon argumentó que la educación y el trabajo no tenían ninguna relación entre sí, ya que se trataba de dos fenómenos que se desarrollan con lógicas completamente autónomas. En la educación, el crecimiento es endógeno e incremental y está muy relacionado con el acceso efectivo de las personas al sistema educativo en las distintas sociedades. En el mundo del trabajo, el crecimiento y desarrollo de las ocupaciones depende de la forma que adquieren los mercados laborales en distintos períodos y/o coyunturas. La combinación entre estos dos fenómenos y sus lógicas diferenciales genera, según el autor, en el mediano plazo un efecto de "dilema del prisionero". La parábola del prisionero responde a un modelo donde los/as actores/actrices toman decisiones que maximizan su beneficio individual calculando el movimiento de los otros/as. Siguiendo esa conducta maximizadora, toda vez que más personas estudien, más personas van a estudiar, independientemente del funcionamiento del mercado de trabajo. Lo cual lleva a un proceso intrínseco de "inflación de credenciales", más agudo durante la vigencia de ciclos económicos recesivos (Boudon, 1983).

Los estudios sobre la organización industrial de orientación postkeynesiana discutieron también la noción de correspondencia. Según estas perspectivas, la educación no genera mayor productividad (uno de los supuestos del capital humano) sino que brinda una "señal" en un contexto de incertidumbre. Los diplomas educativos ofrecen información abreviada sobre las características de los trabajadores que los tomadores de personal (demanda laboral) interpretan para la asignación de puestos laborales (Appelbaum, 1983). Siguiendo esta argumentación, los diplomas educativos se constituyen en una herramienta progresiva o defensiva según el contexto económico. Las conocidas metáforas de la educación como un "trampolín" o la educación en tanto "paracaídas", las ideas de "fila laboral" y "fuga hacia delante" fueron desarrolladas sobre la base de esta perspectiva y han tenido una amplia difusión en nuestro país (Gallart, 1997), especialmente durante las décadas de 1980 y 1990, cuando la educación continuó expandiéndose y el mercado de trabajo se deterioró significativamente (Filmus y Miranda, 1999).

En años posteriores, los trabajos sobre educación y movilidad social tuvieron una amplia renovación a través de los estudios cuyo foco se concentró en las particularidades de las distintas generaciones o grupos de edad. La presunción de que las formas laborales del capitalismo postfordista habían generado una transformación en los colectivos del trabajo y, particularmente, no estaban generando puestos de trabajo para las nuevas generaciones se fue comprobando en las distintas crisis que atravesó el mundo occidental durante las primeras dos décadas del tercer milenio. En el mundo europeo, por ejemplo, luego de varias décadas de desocupación y precariedad laboral juvenil, la hipótesis sobre la expansión de una nueva clase social: el "precariado", se fue consolidando (Standing, 2010). El argumento del precariado sostiene que la juventud no tiene acceso a ocupaciones sobre la base de las cuales puedan mantener el estatus social alcanzado por sus padres (por ejemplo, la generación de ex *babyboomers*), y se van integrando a un nuevo segmento de la estructura social caracterizado por la precariedad y la inestabilidad laboral (Roberts, 2012).

Sobre la base de estos debates, el presente capítulo expone un conjunto de perspectivas teóricas con la finalidad de discutir sobre los procesos de transición que atraviesan los jóvenes durante el pasaje entre la educación secundaria y el mundo del trabajo. El texto se propone una actualización teórica que cuestiona el carácter normativo o estático en los procesos de transición a la vida adulta. Se trata de una revisión bibliográfica que fue elaborada a partir de un conjunto de experiencias de intercambio académico con equipos de gran tradición y vigencia. La propuesta general promueve una mirada plural, que propicie el debate acerca de las distintas opciones y actividades que la juventud tiene disponibles en coyunturas y espacios geográficos diferenciados, con el objetivo de aportar a la construcción de marcos de interpretación que den cuenta de las particularidades de las sociedades periféricas del Sur, sus desafíos y sus fortalezas.

La juventud como artefacto teórico

Es un hecho conocido y ampliamente aceptado que las categorías en las que se organiza el ciclo vital tienen antecedentes históricos, políticos y culturales, así como también biológicos y médicos, estos últimos relacionados sobre todo con la esperanza de vida y otros aspectos relativos a la salud y su cuidado (los cuales tienen asimismo fundamentos sociales y están muy afectados por el desarrollo económico).[1]

---

1. Nótese, por ejemplo, que la teoría del capital humano ha abordado también está temática, señalando que "los países que inviertan más en su gente obtendrán mayor desarrollo económico". Al respecto, véase: Shultz, T. (1986). *Invirtiendo en la gente*, Buenos Aires: Editorial Ariel

Los investigadores de la juventud han generado importantes cuestionamientos sobre las definiciones que imponen una lectura de corte universal y/o normativo acerca del curso de la vida, ajeno a cualquier efecto social, económico o político sobre las personas (Wyn y White, 1997; Cuervo y Miranda, 2014). Investigadores sociales de otras áreas o centrados en el estudio de otros grupos de edad han trabajado con argumentos y resultados análogos. Los trabajos del campo de los estudios sobre envejecimiento o tercera edad, por ejemplo, han planteado el carácter eminentemente social de la vejez y el impacto del incremento general de la esperanza de vida en el empleo, el régimen de cuidados y la organización familiar (Oddone y Gastron, 2008).

En la actualidad se considera que la juventud representa una fase o período socialmente construido en el curso de la vida de las personas, que adquiere una entidad propia, durante el cual las sociedades ofrecen un conjunto de actividades y rituales que habilitan transiciones y pasajes, los cuales se van modificando a lo largo de las distintas épocas o etapas y brindan experiencias a los sujetos en su contexto generacional (Cuervo y Wyn, 2014; Furlong, 2013, Bendit y Miranda, 2013). Como finalización de esa etapa, y de forma cada vez más borrosa, las personas se convierten en adultos/as, y asumen el conjunto de responsabilidades y atribuciones que las distintas sociedades promueven y otorgan. Entre estas actividades, adquieren fuerte centralidad aquellas relativas a la obtención de un empleo de tiempo completo (independencia económica) y la constitución del hogar propio (independencia habitacional y/o cohabitación-pareja). Éstas constituyen el basamento del estatus, la jerarquía y valoración social, configuran un plexo normativo que organiza la base para la comparación de los distintos itinerarios o trayectorias juveniles (Miranda, 2007). Es sobre este marco normativo, entonces, que se postulan las categorías valorativas, muchas veces estigmatizantes, sobre la juventud. Tal es el caso de la denominación Ni-Ni (no estudian ni trabajan; también NEET, según su traducción al inglés), la cual tiene gran difusión y hace referencia a aquellos/as que tienen actividades distintas a las socialmente legitimadas para la juventud en las sociedades contemporáneas.

Las investigaciones de ciencias sociales han abordado temáticas relacionadas con la juventud a partir de mediados de los años 1960. En nuestros días, el campo de los estudios de juventud tiene una muy importante producción, sostenida especialmente sobre la base de dos corrientes o tradiciones que recorren sus elaboraciones, temáticas y enfoques. Por un lado, los denominados estudios "culturales/subculturales", con una predominancia de enfoques etnográficos e investigación cualitativa. Por otro, la tradición de estudios de la juventud como transición (*youth as transitions*), enfocada en aspectos estructurales y con un mayor desarrollo de estudios cuantitativos, longitudinales y puntos de vista biográficos. Shildrick y MacDonald han argumentado que sin bien plantear la expansión de dos tradiciones en sentido estricto suena un tanto desmedido, estas corrientes tienen poco diálogo entre sí. Más precisamente, que las investigaciones sobre cultura juvenil tienden a prestar poca atención a los aspectos o fenómenos asociados a las transiciones educativas o educacionales, y los estudios de transición omiten la integración de las particularidades culturales, con excepción de algunas pocas obras comprensivas que integran el estudio del ocio y la cultura juvenil en la investigación sobre educación y trabajo (Ball 2006, citado en Shildrick y MacDonald, 2006).

Desde un punto de vista histórico, los primeros trabajos sobre juventud y cultura estuvieron fuertemente inspirados en las obras del Centro de Estudios Contemporáneos de la Universidad de Birmingham (CCCS), las cuales sostuvieron el estudio de la cultura en la postulación de la noción de clase social como clave para entender los valores, las experiencias y las expectativas de los jóvenes, a partir del análisis de la resistencia cultural a las dinámicas hegemónicas (Hall y Jefferson, 1976). En América Latina, los estudios acerca de culturas juveniles tuvieron una fuerte producción desde finales de los años 1960, sobre todo aquellos que propusieron el concepto de "moratoria social" como forma principal de entender la juventud (Margulis y Urresti, 1998). La metáfora de la juventud en tanto *moratoria* social señala que la condición joven es un período en donde se suspende o retrasa la asunción de las responsabilidades adultas, tales como el empleo pleno o la paternidad/maternidad. Esta suspensión se da de forma particular entre los grupos más privilegiados, siendo la juventud "un privilegio de clase" más o menos extendido en la estructura social según el alcance de la educación y el circuito de consumo cultural juvenil (Margulis y Urresti, 1998).

La noción de clase y la perspectiva acerca del carácter eminentemente social de las actividades disponibles para distintos grupos de jóvenes adquirió una fuerte centralidad, que continúa aún vigente en los estudios latinoamericanos, sobre todo de perspectiva sociológica. En el contexto europeo, en cambio, las investigaciones evolucionaron hacia una mayor especificación del estudio de las producciones culturales y la diversificación de los estilos de vida, de forma tal que el análisis de escenas y neotribus tuvieron un significativo impacto. Shildrick y McDonald han señalado que a partir de los años 1990, los estudios postsubculturales estuvieron centrados en la exploración de escenas musicales y espacios de ocio de ciertos grupos (*ravers, dancers*), y se construyó a partir de ahí la hipótesis de la expansión de identidades culturales más fugaces, fragmentarias e individuales, sobre todo en comparación con las clásicas identidades grupales y permanentes asociadas a la posición de clase. Los autores exponen de forma crítica que las influencias de nuevos estilos de vida entre la juventud y la hegemonía de las teorías postmodernas implicaron por esos años la expansión de trabajos que subsumieron la importancia de las condiciones económicas y de poder en el análisis sobre culturas juveniles (Shildrick y McDonald, 2006). Es necesario advertir asimismo que la mayor importancia del consumo, las industrias culturales y los nuevos estilos de vida son hechos que afectan al conjunto de los grupos de edad (Bauman, 2008), es decir que no representan una característica intrínseca de la juventud. La fragmentación de identidades, la importancia del consumo y la pluralidad identitaria de los sujetos son fenómenos que han marcado la emergencia de perfiles culturales diversos, y disonantes, a las prácticas culturales dominantes en todos los grupos sociales (Lahire, 2004), pero que adquieren una importancia central entre la juventud por su contemporaneidad, como marco de socialización y crecimiento.

La vigencia y expansión de nuevos temas y abordajes ha producido una gran renovación en el campo de los estudios de juventud, especialmente en referencia a la incorporación de aquellos grupos sobre los que la preponderancia analítica de las condiciones de clase habían generado cierta opacidad u ocultamiento, tales como las mujeres, los comunidades étnicas o las identidades alternativas. Justamente, es un hecho conocido que los estudios subculturales clásicos habían dado poco lugar al estudio de la situación de mujeres y migrantes, entre otras y otros "grupos minoritarios". En esta dirección y como se planteará más adelante, los trabajos de la perspectiva de género y los estudios feministas han hecho hincapié en el reconocimiento de identidades diversas, en dirección a una visión plural de la justicia, promoviendo una mirada más amplia que aquella sólo centrada en los aspectos distributivos o de clase (Frazer, 2008), lo cual ha tenido gran influencia a efectos de los estudios de juventud y el análisis de las transiciones hacia la adultez (Cuervo y Miranda, 2014).

La juventud como transición

La tradición de estudios sobre transiciones juveniles puede rastrearse desde finales de los años 1970, como parte de un movimiento que se propuso dar cuenta de las transformaciones del modelo de capitalismo industrial-salarial y sus impactos en el aumento de la desocupación. Luego de un período de gran estabilidad económica y expansión del empleo asalariado, también denominado "los 30 años gloriosos", las problemáticas asociadas a la escasez de ocupaciones y la precariedad laboral se ubicaron en el centro de los debates en el sector público y académico, de manera que signaron una agenda donde el estudio de las tendencias hacia la vulnerabilidad y la exclusión social fueron predominantes (Castel, 1997). El incremento de la desocupación entre las nuevas generaciones fue uno de los antecedentes centrales de la emergencia y expansión de los estudios sobre transición juvenil. Posteriormente, la idea se fue convirtiendo en la metáfora principal de los estudios de juventud –sobre todo de corte sociológico– (Cuervo y Wyn, 2014), al tiempo que fue adquiriendo especificidad en temáticas y perspectivas de abordaje.

La teoría de la juventud como transición propone el estudio y la interpretación de dos rupturas o eventos claves en la vida de las personas: el proceso de pasaje entre la educación y el mundo del trabajo y la constitución (fundación) de un hogar propio, que supone asimismo la formación de una familia independiente. Esta interpretación sostiene que entre ambos pasajes se desarrolla el proceso de construcción/adquisición de la autonomía individual que distingue luego a la posición de la adultez. Así, a nivel individual la transición representa el movimiento por el cual las personas pasan desde una condición de dependencia/cuidado hacia una situación de autonomía/independencia (Balardini y Miranda, 2001). Por otra parte, y a nivel social (o macro), la teoría propone que durante la transición se produce un proceso de "enclasamiento" o estructuración social, como saldo general o resultado de los itinerarios o trayectorias de pasaje e inserción laboral (Casal, Merino y Quesada, 2006). De esta forma, en el recorrido completo de la transición se hacen evidentes las tendencias generales hacia la movilidad o la reproducción de la estructura social, sobre todo en relación con las ocupaciones o puestos de trabajo que los y las jóvenes obtienen en su temprana adultez, los cuales los/as ubican en segmentos laborales que signan sus perspectivas futuras (Miranda, 2007).

La idea de transición fue modificándose y adquiriendo nuevos marcos de interpretación a lo largo de los años. Furlong ha sintetizado las formas o emblemas que fueron acompañando la investigación en distintas etapas, a partir de la descripción de metáforas transicionales en un movimiento que va desde las primeras aproximaciones de la psicología de la adolescencia hacia las versiones estructurales y postmodernas, utilizando como comparación distintos medios de transporte, desde los trenes a los autos (Furlong, 2009). Según el autor, en los años 1970 las metáforas hegemónicas se refirieron a caminos o rutas que evidenciaban la correlación que existía entre nichos educativos y educacionales, lo cual replicaba de alguna manera la idea de "correspondencia" de la sociología crítica de la educación. Durante los años 1980, la mayor expansión de la desocupación y la diversificación de recorridos y elecciones impusieron la noción de "trayectoria" en tanto modalidad preponderante de interpretación. En este contexto, las ideas de trayectorias "a-típicas" o "no encauzadas" ocuparon un relevante lugar sobre todo a partir de mediados de los años 1990, como una forma de describir la expansión de la nueva vulnerabilidad juvenil. Dentro de esta línea se encuentra, por ejemplo, una muy importante producción de trabajo del grupo EGRIS, con gran impacto en medios académicos (EGRIS, 2000; Du Bois-Reymond y López Blasco, 2004).

En años posteriores, junto con la vigencia de las teorías postmodernas y la mayor pluralización de estilos de vida, los procesos de individuación y la emergencia de nuevos riesgos y vulnerabilidades, aparece la idea de navegación como herramienta teórica para denominar las nuevas formas transicionales de la juventud (Furlong, 2009). Particularmente en el debate europeo, la presunción de que los y las jóvenes debían convertirse en "expertos" navegantes de sus propios recorridos biográficos se fue solidificando sobre la base de las propuestas teóricas de la reflexividad como elemento constitutivo de la modernidad tardía (Giddens, 1997), así como también sobre la base de las afirmaciones acerca de la expansión de los procesos de individuación y nuevos riesgos sociales asociados a las transformaciones de lo que se denominó "sociedades postindustriales" o postsalariales (Beck, 1998).

Furlong propone que a través de las distintas metáforas sobre la transición se puede observar también la tensión que existe entre el binomio estructura-agencia en los estudios de juventud, como parte del contexto general de las ciencias sociales. Asimismo, la imagen de los itinerarios o caminos representa la idea de rutas que están limitadas por fenómenos estructurales (clase y género), pero dejan algún lugar a ciertas decisiones personales. La noción de trayectoria brinda una versión muy acotada de la agencia, donde la fuerza de la estructura se impone y deja inclusive a ciertos grupos al margen o en territorios de exclusión (hasta aquí representada por la imagen de los trenes). Por último, la idea de navegación otorga mayor centralidad a los sujetos (representados a través de autos), que son reconocidos en su capacidad de reflexionar y elegir sobre cursos de acción, secuencias y eventos, pero que al mismo tiempo son más vulnerables y están expuestos a procesos de individuación y pérdidas de referencias sociales de forma persistente (Furlong, 2013).

La interpretación de contextos económicos y sociales brinda, asimismo, mayor alcance y complejidad al análisis del binomio estructura-agencia en los recorridos biográficos juveniles. La incorporación de las nociones de tiempo histórico y/o "generación" en términos sociales da lugar a elementos que enriquecen de forma sustantiva el análisis, y permiten conocer además los efectos de las políticas públicas y sus impactos en las condiciones de vida de la juventud. En esta dirección, se ha comprobado que los períodos de alta desocupación o de vigencia de programas de orientación conservadora tienden a restringir el margen de maniobra individual, dado que limitan la elección y amplían los fenómenos reproductivos-regresivos; en cambio, períodos de crecimiento y/o expansión de las políticas sociales y de bienestar pueden ampliar la capacidad de los sujetos y el ejercicio de la agencia (Furlong, 2013).

En dirección a una mayor especificidad acerca de los contextos y lugares, Cuervo y Wyn sostienen que la conceptualización sobre transiciones juveniles como metáfora principal de los estudios de juventud ha adquirido mayor precisión y profundidad al incorporar la noción de asociación o pertenencia (*belonging*). La postura sustenta que los factores asociados al espacio o localización (*place*), los vínculos personales (familiares, grupos de amigos) y el tiempo histórico son centrales para el estudio de las transiciones hacia la adultez. El arraigo, la afectividad, el grupo de pares (amistad) y los espacios de pertenencia son elementos centrales en la vida cotidiana, que condicionan las elecciones y oportunidades de la juventud (Cuervo y Wyn, 2014).

La localización o espacio geográfico en tanto síntesis de un conjunto de elementos de orden social, económico y cultural fue trabajada por grupos de investigación que cuestionan el carácter normativo y etnocéntrico que –muchas veces– se identifica en los estudios sobre transición juvenil focalizados en el mundo occidental-desarrollado. En una investigación que compara las condiciones de vida en localidades caracterizadas por la producción agraria de subsistencia, Morrow ha discutido sobre la noción de autonomía como proceso central de la transición juvenil –entendida en tanto pasaje al empleo y la independencia habitacional–. La autora propone que la transición en tanto proceso de autonomía no es adecuada al análisis de las situaciones que enfrentan aquellos/as que deben asumir responsabilidades al interior de los grupos familiares o comunitarios de forma temprana, donde la madurez está caracterizada por la asunción de una mayor o nueva interdependencia en el grupo familiar de origen. A partir de una investigación realizada en comunidades agrícolas de pequeña escala (subsistencia), donde la incorporación a la producción familiar es la única alternativa vigente para la juventud, Morrow sugiere que la afirmación sobre la transición en tanto proceso de autonomización lleva a que los Estados inviertan en programas sociales y educativos desarrollados desde la óptica del "capital humano" que poco tienen que ver con la vida concreta y las oportunidades de los y las jóvenes rurales (Morrow, 2014).

Desde otra perspectiva y concentrados en el estudio de sociedades urbanas consolidadas, Molgat y Mireille presentan una crítica a la idea de juventud como enfocada en la centralidad que adquiere la cohabitación o formación de una familia como etapa final de la transición a la adultez. A partir de una investigación sobre personas que viven solas, los autores registran las trayectorias habitacionales y su contexto, y observan las oportunidades y restricciones que se van presentando en el proceso de emancipación. Sobre esta base se preguntan: ¿qué sucede con aquellos/as que deciden por un modo de vida unifamiliar?, *¿no desarrollan satisfactoriamente la transición?* Más aun, en las grandes ciudades, el hecho de vivir solo/a, ¿no es una opción cada vez más relevante? Además, ¿qué pasa con aquellos/as que continúan habitando en la casa familiar?, ¿no logran alcanzar nunca el estatus propio de la adultez? (Molgat y Mireille, 2008).

Por último, aunque no menos importante, existe un conjunto de debates que promueven la ampliación de la idea del empleo como factor o elemento central de la transición juvenil. En este caso, el cuestionamiento propone la valorización del trabajo antes que la medición del empleo, y sigue sobre todo los planteos de la perspectiva de género (teoría feminista). Justamente, en las sociedades capitalistas contemporáneas, el sector de los cuidados personales y las tareas reproductivas de los hogares continúa aún invisibilizado y desvalorizado. Se trata de actividades sólo tomadas en cuenta en tanto que se convierten en empleo, trabajo para otros, pero que no cuentan con una valoración en términos de reconocimiento económico y social, en virtud de lo cual quedan fuera de tratamiento en los procesos de transición juvenil. ¿Cómo explicar los procesos de enclasamiento entre las mujeres jóvenes que no acceden al empleo y se dedican en forma temprana a tareas de cuidado? La respuesta es contundente, en general se sostiene que estas mujeres forman parte de un colectivo denominado "Ni-Ni" (también NEET, por sus siglas en inglés), definido negativamente por el hecho de "no hacer nada". La economía feminista cuestiona ampliamente estas afirmaciones. La negación de valoración de las actividades que sostienen la base material de la reproducción familiar en la sociedad es un hecho que consolida la posición subalterna de las mujeres, sobre todo de los sectores de menores ingresos económicos (Rodríguez Enríquez, 2005), lo cual tiene amplias consecuencias entre la juventud.

El carácter desigual de las transiciones educación-trabajo

Uno de los aspectos que despiertan más interés de la perspectiva de la juventud como transición es aquel vinculado al análisis de la desigualdad y la justicia social. En el caso de América Latina, a partir de los años 1980 y en un contexto caracterizado por fuertes tendencias regresivas y procesos de polarización social, las investigaciones de juventud y transición se orientaron hacia el estudio de la desigualdad en los recorridos vitales y sus impactos sobre el curso de la vida. Distintos estudios fueron documentando la intensificación de la desigualdad durante los años 1990 en América Latina, y brindaron evidencia de la expansión de patrones estructurales de privación en amplios grupos poblacionales, así como también del incremento de privilegios entre los sectores de mayores recursos. En el caso concreto de la juventud, y en el marco histórico generacional, se sostuvo que las nuevas oportunidades de consumo y conectividad vigentes para los grupos "globalizados" se constituyeron en privilegios negados a grandes contingentes juveniles, muchos de los cuales experimentaron su transición a la adultez en territorios de vulnerabilidad y fueron expuestos a procesos de segregación territorial.

En años posteriores, particularmente a partir de mediados de la primera década de 2000, la polarización social tendió a aminorarse, en el marco de un período de fuerte crecimiento acompañado de la expansión de programas de protección social, que abarcó sobre todo a los países del sur del continente. Sin embargo, muchos de los efectos generados por la aplicación de políticas de orientación neoliberal continuaron vigentes, un hecho que se comprueba en la persistencia de la fragmentación territorial, la desigualdad de oportunidades de acceso al empleo de calidad y sus consecuencias en la expulsión de grandes contingentes juveniles que encuentran en la migración el único camino para la elaboración de un proyecto personal (Miranda, 2013). Y si bien en muchos países hubo grandes avances en materia de educación, salud y trabajo, la persistencia de la pobreza y la estigmatización de la juventud son fenómenos que forman parte de la vida cotidiana en América Latina.

En un proyecto que se propone analizar la desigualdad en las trayectorias juveniles, Mora Salas y Oliveira han señalado que la transición hacia la adultez implica un proceso de emancipación a través del cual las personas van ganando autonomía y asumiendo nuevas responsabilidades, tanto en el plano público como en el seno familiar. Desde esta perspectiva, la transición se ubica en una fase temprana en el curso de la vida, en donde se incrementan las interacciones sociales, se toman decisiones y se experimentan eventos con amplias repercusiones para el futuro. Las instituciones sociales tales como la escuela, la familia y el mercado de trabajo organizan normativamente la secuencia y los eventos validados en el curso de la vida (Elder, 1994), y es la juventud el período en el cual se producen al menos cinco eventos clave: salida de la escuela, incorporación al mercado laboral, salida de la casa de los padres, la primera unión (cohabitación) y el nacimiento del primer hijo. Entre los puntos de mayor importancia, los autores desarrollan una postura crítica sobre el modelo normativo que establece la secuencia y los eventos legítimos durante la juventud, por la escasa vigencia que tiene para el análisis de las particularidades de las sociedades periféricas, donde las desigualdades tienden a acoplarse (Tilly, 2000) y las desventajas se incrementan desde edades tempranas, lo cual genera diferencias sustantivas en los procesos de crecimiento, con amplias consecuencias en materia de autonomía, participación y acceso a los derechos sociales (Mora Salas y Oliveira, 2008).

En la misma dirección, y sobre la base de investigaciones desarrolladas tanto en Argentina como en México, Saravi sostiene que existe una fuerte relación entre la justicia espacial y social, que puede observarse en la distribución desigual de recursos, derechos urbanos, estigmas y protección frente a la inseguridad. La fragmentación espacial es un fenómeno que ha crecido en América Latina a pesar de los procesos de crecimiento de los años 2000 y que tiene fuertes implicancias en el distanciamiento de los procesos de socialización y referencias culturales de la juventud. El autor se refiere a la vivencia de la juventud urbana en grandes conglomerados caracterizados por la polarización y la segregación espacial, y propone un análisis que vincula la desigualdad de clase y de género con el espacio urbano, argumentando que "la relación que existe entre la justicia social y espacial es compleja y recíproca" (Saravi, 2014: 1).

Desde esta perspectiva, el análisis sobre la construcción de la autonomía entre la juventud se presenta como una temática inscripta en relaciones sociales localizadas en geografías urbanas que habilitan distintos tipos de movilidad e interacción social. En esta dirección, se afirma que la juventud urbana se referencia en distintos espacios que ocupan un lugar central en su vida cotidiana: el barrio, la escuela y los centros de consumo y entretenimiento. Dichos espacios constituyen nodos de intercambio, socialización y constitución de relaciones sociales, que se encuentran claramente implicados en la lógica de la fragmentación y segregación territorial. La hipótesis de Saravi dice que la fragmentación espacial constituye espacios de interacción socialmente homogéneos, que provocan exclusión y mutuos rechazos de los otros, los extraños, los desconocidos, lo cual profundiza la distancia social y debilita el ejercicio de la ciudadanía por parte de la juventud (Saravi, 2004).

Los debates sobre los rasgos centrales de la desigualdad, así como los postulados acerca de la justicia social y su mirada sobre el reconocimiento y la participación (voz) ocupan un lugar central en las ciencias sociales en la actualidad, especialmente a partir de los postulados de la teoría feminista. Las posiciones incluyen una fuerte revisión de perspectivas teóricas, al tiempo que se enmarcan dentro de un contexto social que impone grandes límites, frente al avance de los procesos de polarización social. En una publicación reciente, F. Dubet expone acerca de las temáticas de justicia social e igualdad sobre la base de la descripción de dos posturas o perspectivas de acercamiento al análisis de la desigualdad social. Por un lado, la denominada "igualdad/desigualdad de posiciones", entendida en relación con la brecha existente entre grupos o clases sociales. Se trata de una perspectiva hegemónica en las ciencias sociales durante gran parte del siglo XX, que propone la igualación en un modelo que afianza la estructura social a través del trabajo masculino asalariado. La universalidad de las prestaciones sociales forman parte del núcleo central, donde, por ejemplo, la igualdad es ante todo la homogeneidad/unidad de la oferta escolar que integra a los distintos grupos en un dispositivo jerarquizado, que en algún punto garantiza la cohesión social entre los diferentes grupos o clases sociales (Dubet, 2012).

Por otro lado, la idea sobre la igualdad/desigualdad de oportunidades, en cambio, parte del reconocimiento de las características identitarias de las personas, tales como la condición de género, la etnia o la orientación sexual. Los postulados críticos frente al modelo de clases proponen la consideración de todos aquellos grupos que sufren discriminación dentro del modelo de posiciones, los cuales se encuentran negados o excluidos en las jerarquías propias de la organización social. Se trata de grupos que muchas veces se sostienen, quedan en el margen o forman parte de minorías, pero que en términos concretos pueden ser grandes agregados poblacionales, como las mujeres. En efecto, la igualdad de posiciones no cuestiona la denominada "división sexual del trabajo"; más aun, los dispositivos universales tendieron a consagrar el carácter "doméstico" de la actividad femenina a través de distintas prestaciones sociales que no abolieron la desigualdad de las mujeres frente al trabajo (Dubet, 2012).

La afirmación de la justicia social en tanto apoyatura conceptual de una visión pluralista que supere la idea de distribución económica como única definición frente al análisis de la desigualdad social está ampliamente documentada en esta publicación, en el capítulo escrito por Hernán Cuervo. La propuesta central de los argumentos señala que la justicia distributiva puede ser ampliamente enriquecida con la incorporación de las nociones de reconocimiento y participación, las cuales tienen gran importancia en las temáticas concretas de juventud. Por ejemplo, en los estudios de Saravi puede observarse cómo la desigualdad y la fragmentación espacial generan fuertes injusticias en relación con el reconocimiento de los otros, que son expuestos a procesos de estigmatización cultural que impide la participación de la juventud de menores ingresos como miembros de "igual valor en la vida social" (Saravi, 2014: 12).

En la misma dirección, la perspectiva de género, particularmente la economía feminista, desarrolla fuertes críticas por el escaso reconocimiento social que tienen las actividades que se imponen a las mujeres jóvenes y sus efectos sobre el carácter normativo en la secuencia y eventos vitales legitimados durante la transición a la adultez. Justamente, la escasa visibilidad y el poco reconocimiento de la importancia social que tiene el sector de los cuidados es un hecho ampliamente documentado (Rodríguez Enríquez, 2013). Es una situación que genera la acentuación del carácter subalterno de las mujeres jóvenes más humildes, las cuales tienen menores accesos a servicios de cuidado y atención, por lo cual deben integrarse a tareas de colaboración y responsabilidad doméstica a edades tempranas (Miranda, Cravino y Martí Garro, 2012). Asimismo, y en la mencionada investigación de Saravi, se presenta evidencia de la mayor exposición de las jóvenes que habitan en barrios de más privación, que deben enfrentar problemas de inseguridad, con amplios efectos en sus chances de interacción y socialización (Saravi, 2014).

Debate

Desde mediados del siglo XX diferentes trabajos, elaborados desde muy distintas perspectivas, se ocuparon del análisis del vínculo entre la educación y el mundo del trabajo. La expansión de investigaciones y trabajos teóricos, sobre todo de la sociología de la educación, dio cuenta de la vigencia de dos posturas ampliamente contradictorias, las cuales eran parte de dos tradiciones de pensamiento muy divergentes. Por un lado, aquellas que sostuvieron una óptica positiva y directa del aporte de la educación al desarrollo económico y la empleabilidad individual, relacionadas con las corrientes funcionalistas y del capital humano. Por otro, aquellas que propusieron un análisis crítico e intentaron documentar el aporte de la educación en la reproducción y la legitimación de las relaciones de clase que forman parte del basamento del sistema capitalista. En años posteriores, la modificación de la organización de la producción y la crisis del modelo de postguerra dio lugar a nuevas corrientes de interpretación, quizás más eclécticas o menos dogmáticas, que señalaron la menor estabilidad del vínculo entre la educación y el mundo del trabajo. En esta dirección, incorporaron cuestiones relacionadas con el ciclo económico y la comparación de las distintas generaciones que forman parte del mundo laboral.

Las investigaciones de juventud fueron consistentes en estudiar el lugar de las nuevas generaciones en la nueva organización económica y social de principios del siglo XXI, caracterizadas por una mayor inestabilidad y precariedad. En el marco de fuertes tendencias hacia la individuación de los estilos de vida y vulnerabilización social de grandes contingentes sociales, los estudios de juventud avanzaron en la definición y el análisis de las distintas transiciones que marcan el camino a la adultez. El paso de la educación al trabajo, la conformación de un hogar propio, la llegada del primer hijo se definieron en tanto eventos centrales en el curso de la vida, y suceden (generalmente) durante el período en que las personas son consideradas jóvenes. En años posteriores y frente al estudio de transiciones y trayectorias histórica y socialmente situadas, el carácter normativo que adquiere la definición de la secuencia y los eventos que se definen para la juventud fue ampliamente cuestionado por numerosas investigaciones, sobre todo por su escasa vigencia en las sociedades periféricas.

El aporte de los equipos en una mirada plural en la promoción de nuevos marcos de interpretación se plasmó en la elaboración conceptual de las nociones de pertenencia y origen. El registro de la pertenencia propone, por un lado, la valorización de los comportamientos de la gente joven en relación con su lugar de origen (arraigo), en el contexto de la erosión de las identidades locales en el mundo globalizado. Así como, por otro lado, la afirmación de los vínculos familiares, las relaciones de amistad y con otros miembros de la comunidad, no sólo en función del mantenimiento económico, sino en conexión con la complejidad de las relaciones intergeneracionales de nuestros días, promoviendo el uso de la idea de generación social. Los resultados de los trabajos empíricos desarrollados desde esta perspectiva señalan que las familias y las relaciones personales se encuentran entre los elementos más importantes en la toma de decisiones, y se plantea la existencia de lazos no tradicionales, en el marco del tiempo contemporáneo (Cuervo y Wyn, 2014).

Numerosas investigaciones continúan afirmando la importancia de la incorporación de la noción de clase social y el efectivo aporte de las políticas y modelos societales predominantes al análisis de los eventos y los procesos de transición. En esta dirección y a partir de una comparación de la situación europea actual y los resultados de investigación del proyecto que se presenta en esta publicación, Bendit y Miranda realizaron una reflexión sobre la importancia de los modelos económicos y de política social. Este debate presenta un conjunto de argumentos acerca de la expansión de políticas económicas de corte neoliberal y sus resultados sobre las efectivas condiciones en que se realiza la transición juvenil, comparando los resultados de estudios en la América Latina de los años 1990 con los hallazgos de los últimos años en los países que forman parte de la Comunidad Europea. Las conclusiones ponderan la vigencia del análisis combinado de las elecciones y percepciones de la juventud (aspectos subjetivos) y las efectivas oportunidades y accesos que se promueven socialmente (factores estructurales) en el estudio de las transiciones educación-trabajo (Bendit y Miranda, 2014).

Las nociones de justicia distributiva, reconocimiento y participación forman parte, asimismo, del debate en un contexto donde la acentuación del carácter plural de las personas ocupa un lugar central. El carácter plural, identificado en identidades fugaces, fragmentadas e individualizadas de la juventud y de otros grupos de edad; la valoración de las identidades divergentes de las figuras socialmente hegemónicas y el reconocimiento de los derechos individuales que muchas veces fueron negados; el cuestionamiento y la afirmación de la autonomía como hecho central de la transición; la crítica de la secuencia y los eventos socialmente válidos para las nuevas generaciones forman parte de las tensiones que recorren la vida social contemporánea y ocupan un lugar central en las ciencias sociales y los estudios de juventud. Sobre estos debates, el presente texto ha intentado aportar a una mirada plural que contribuya al cuestionamiento de la naturalización de la injusticia y la estigmatización de las personas jóvenes, así como también a la construcción de herramientas conceptuales adecuadas a las particularidades de las sociedades del sur, en su potencia y desafíos.

Bibliografía citada

Appelbaum, E. (1983). "El mercado de trabajo en la teoría post-keynesiana", en Piore, M. (comp.). *Paro e inflación. Perspectivas institucionales y estructurales*, Madrid: Alianza.

Balardini, S. y Miranda, A. (2000). *Juventud, transiciones y permanencias. Pobres, pobreza y exclusión social*, Buenos Aires: CEIL/CONICET.

Bauman, Z. (2008). *Vida de consumo*, Buenos Aires: Fondo de Cultura Económica.

Becker, G. S. (1983). *El capital humano: un análisis teórico y empírico referido fundamentalmente a la educación*, Buenos Aires/Madrid: Alianza editorial.

Beck, U. (1998). *La sociedad del riesgo: hacia una nueva modernidad*, Madrid: Paidós.

Bendit, R. y Miranda, A. (2013). "Trayectorias y expectativas de los egresados de la secundaria en argentina", en *Documentos y Aportes*, 1(21), pp. 93-123.

Bendit, R. (2008). "Growing up in the context of globalization and social change. Present and future of youth and challenges for youth research and youth policies", En Bendit, R. y Hahn-Bleibtreu, M. (eds.). *Youth transitions. Processes of social inclusion and patterns of vulnerability in a globalized world*, Opladen: Barbara Budrich Publishers, pp. 27-40.

Bendit, R.; Hahn, M. y Miranda, A. (2008). *Transiciones juveniles: procesos de inclusión social y patrones de vulnerabilidad en un mundo globalizado*, Buenos Aires: Prometeo.

Boudon, R. (1983). *La desigualdad de oportunidades: la movilidad social en las sociedades industriales*, Barcelona: Laia.

Bowles, S. y Gintis, H. (1981). *La instrucción escolar en la América capitalista: la reforma educativa y las contradicciones de la vida económica*, Buenos Aires: Siglo Veintiuno.

Casal, J.; García, M.; Merino, R. y Quesada, M. (2006). "Aportaciones teóricas y metodológicas a la sociología de la juventud desde la perspectiva de la transición", en *Papers. Revista de Sociología*, 79, pp. 21-48.

Castel, R. (1997). *Las metamorfosis de la cuestión social: una crónica del salariado*, Buenos Aires: Paidós.

Cuervo, H. y Wyn, J. (2014). "Reflections on the use of spatial and relational metaphors in youth studies", en *Journal of Youth Studies* (en prensa), pp. 1-15.

Du Bois-Reymond, M. y López Blasco, A. (2004). "Transiciones tipo yo-yo y trayectorias fallidas: hacia las políticas integradas de transición para los jóvenes europeos", en *Revista de Estudios de Juventud*, 65(04), pp. 11-29.

EGRIS (2000). "¿Trayectorias encauzadas o no encauzadas?", en *Revista Propuesta Educativa*, año 10(23), Buenos Aires: FLACSO Argentina.

Elder Jr, G. H. (1994). "Time, human agency, and social change: Perspectives on the life course",en *Social psychology quarterly*, 57(1), pp. 4-15.

Filmus, D. y Miranda, A. (1999). "América Latina y Argentina en los 90: más educación, menos trabajo = más desigualdad", en *Los noventa. Política, sociedad y cultura en*

América Latina y Argentina de fin de siglo, Buenos Aires: FLACSO-EUDEBA.

Furlong, A. (2009). "Revisiting transitional metaphors: reproducing social inequalities under the conditions of late modernity", en *Journal of education and work*, 22(5), pp. 343-353.

Furlong, A. (2013). *Youth Studies: an introduction*, Londres: Routledge.

Fraser, N. (2008). *Escalas de justicia*, Madrid: Editorial Herder.

Gallart, M. A. (1997). "Los cambios en la relación escuela-mundo laboral", en *Revista Iberoamericana de Educación*, 15, pp. 159-174.

Giddens, A. (1997). *Modernidad e identidad del yo: el yo y la sociedad en la época contemporánea*, Madrid: Península.

Lahire, B. (2004). *El hombre plural: los resortes de la acción*, Barcelona: Ediciones Bellaterra.

Margulis, M. y Urresti, M. (1996). *La juventud es más que una palabra*, Buenos Aires: Biblos.

Miranda, A.; Cravino, M. C. y Martí Garro, S. (2012). "Transiciones juveniles de migrantes paraguayos/as en la Argentina: condiciones de vida y vigencia de las redes", en *Última década*, 20(37), pp. 11-39.

Miranda, A. (2007). *La nueva condición joven: educación, desigualdad y empleo*, Buenos Aires: Fundación Octubre de Trabajadores de Edificios.

Mora Salas, M. y De Oliveira, O. (2009). "Los jóvenes en el inicio de la vida adulta: trayectorias, transiciones y subjetividades", en *Estudios sociológicos*, XXVII(79), pp. 267-289.

Morrow, V. (2014). "Social Justice and Youth Transitions: Understanding Young People's Lives in Rural Andhra Pradesh, India, and Ethiopia", en J. Wyn y H. Cahill (eds.). *Handbook of Childhood and Youth*, Singapur: Springer.

Oddone, Ma. J. y Gastrón, L. (2008). "Reflexiones en torno al tiempo y el paradigma del curso de vida", en *Perspectivas en Psicología* 5(2), pp. 1-9.

Rodríguez Enríquez, C. (2013). "El trabajo de las mujeres: algunas reflexiones a partir de una mirada integrada desde las encuestas de uso del tiempo y las estadísticas laborales", en *Redistribuir el cuidado: el desafío de las políticas*, Santiago de Chile: *CEPAL*, pp. 209-240.

Roberts, K. (2012). "The end of the long baby-boomer generations", en *Journal of Youth Studies* 15(4), pp. 479-497.

Saravi, G. (2014). "Youth Experience of Urban Inequality: Space, Class, and Gender in Mexico", en J. Wyn y H. Cahill (eds.). *Handbook of Childhood and Youth*, Singapore: Springer.

Shildrick, T. y MacDonald, R. (2006). "In defense of subculture: young people, leisure and social divisions", en *Journal of youth studies*, 9(2), pp. 125-140.

Standing, G. (2010). *The Precariat: the new dangerous class*, Londres: Blomsburry.

Tilly, C. (2000). *La desigualdad persistente*, Buenos Aires: Manantial.

La universalización del secundario en América Latina

Una meta necesaria para la inclusión social y la ampliación de derechos de los jóvenes

DANIEL FILMUS[1]

Acerca del autor

Daniel Filmus es licenciado en Sociología (UBA), especialista en Educación para Adultos (CREFAL, México) y máster en Educación (Universidad Federal Fluminense, Brasil). Fue secretario de Educación del Gobierno de la Ciudad de Buenos Aires (2000-2003) y posteriormente ministro de Educación, Ciencia y Tecnología de la Nación (2003-2007) y senador Nacional por la Ciudad de Buenos Aires (2003-2007). Actualmente se desempeña como secretario de Asuntos Relativos a las Islas Malvinas, en Cancillería. Desde 2006 es presidente del Grupo de Trabajo para el Canje de Deuda por Educación de la UNESCO. Es profesor titular de la materia Sociología en el CBC, Universidad de Buenos Aires, desde 1985 hasta la actualidad. Ha sido miembro del Comité Ejecutivo de la UNESCO y vicepresidente por América Latina y el Caribe del Consejo Ejecutivo de la UNESCO (2009-2011) y director de la Facultad Latinoamericana de Ciencias Sociales (FLACSO), sede académica Argentina.

---

1. El autor quiere agradecer la colaboración de Fabiola Carcar en el procesamiento de la información y la elaboración del texto.

Introducción

En diversos trabajos anteriores hemos propuesto que la relación entre educación y trabajo sólo puede analizarse a partir de concebir que no existe una función social universal, única y permanente del sistema educativo respecto de su papel frente al mundo laboral. Esta perspectiva exige analizar con profundidad, en cada contexto histórico, la multiplicidad de vínculos que se establecen entre las trayectorias educativas y laborales de quienes participan en estos procesos. Sólo de esa manera es posible estudiar en detalle cómo se desempeñan las tendencias a la reproducción de las desigualdades sociales y a la movilidad social ascendente -que tiende a equiparar las oportunidades de quienes provienen de hogares con diferentes orígenes socioeconómicos- y el modo en que éstas coexisten en cada momento histórico. Estas corrientes contrapuestas están siempre presentes y en tensión permanente, y producen resultados diferenciados de acuerdo con la combinación entre los modelos de desarrollo, las políticas públicas y los comportamientos de los actores intervinientes.

En este contexto, el presente artículo se propone describir cómo los procesos de cambio en los modelos de desarrollo encarados por la región latinoamericana en los últimos años impactaron en las tendencias que se vienen observando en el sistema educativo en cuanto a la universalización y ampliación de la matrícula de niños y jóvenes en la escuela media; cuáles han sido los avances, principalmente en los aspectos cualitativos; y cuáles son las asignaturas pendientes y los desafíos hacia el futuro.

Modelo de desarrollo y expansión del sistema educativo

El inicio del siglo XXI significó para la región latinoamericana el comienzo de un proceso que permitió combinar crecimiento económico con mayores niveles de justicia social. En los últimos diez años la región creció a un promedio de 3,8% anual y, a diferencia de otras épocas, el crecimiento de los últimos años estuvo sustentado, en la mayoría de los países, en una mejoría de los principales indicadores sociales y laborales. La pobreza, que al inicio de los años 1990 afectaba a casi la mitad de la población, se redujo al 28% para el año 2012 en la región latinoamericana. El desempleo también invirtió su tendencia a la suba. Después de crecer persistentemente a lo largo de la última década del siglo XX, y alcanzar cerca del 12% en el año 2001, a partir de 2003 comienza a descender hasta ubicarse en el 6,4 % en el año 2012.

Gráfico 1. América Latina y el Caribe: evolución del Producto Bruto Interno y la Tasa de Desocupación. Años 1990-2012 (a precios constantes de 2005)

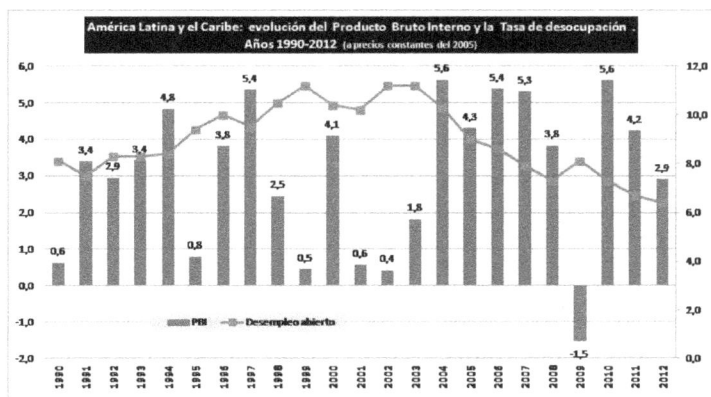

Fuente: Naciones Unidas (PBI) y CEPAL (desempleo). Elaboración propia.

Estos resultados fueron posibles porque la mayor parte de los países latinoamericanos, a pesar de haber transitado procesos heterogéneos, avanzaron en dirección a abandonar los modelos neoliberales vigentes en las décadas anteriores para encaminarse hacia nuevos patrones de desarrollo. Estos patrones proponen, en lo externo, priorizar los vínculos políticos y económicos regionales de manera de consolidar mayores niveles de autonomía en la toma de decisiones. Al mismo tiempo, en muchos de estos países se ha recuperado el papel del Estado en la definición y construcción del modelo económico-social. Ello implica, entre otros aspectos, priorizar la inversión pública hacia sectores estratégicos para el desarrollo nacional, la adopción de medidas que priorizan el mercado interno, la reindustrialización, la promoción del trabajo registrado, el fortalecimiento de los sistemas científico-tecnológicos y un claro esfuerzo para mejorar la distribución del ingreso a partir de la búsqueda de mayores niveles de igualdad social.

Los desafíos que plantea este nuevo modelo de crecimiento para el sistema educativo son muy importantes. Pasar de un tipo de crecimiento basado en la *primarización* de la economía y la libertad absoluta del mercado a otro sustentado en la industrialización autónoma y la posibilidad de agregar valor a los productos primarios a partir de las capacidades de trabajo y de la innovación requiere consolidar y ampliar aun más la inversión en educación, ciencia y tecnología.

En estos últimos años la región alcanzó importantes logros en lo que respecta al sistema educativo. Se consiguió prácticamente universalizar el nivel primario (donde la tasa alcanza al 96,5%) y se hicieron esfuerzos enormes por intentar universalizar el nivel inicial. En la sala de 5 años, por ejemplo, la tasa de escolarización creció 11,8 puntos, hasta alcanzar el 85,9% de los alumnos.

Cuadro 1. América Latina: tasa de escolarización según grupos
de edad y país

País	5 años		6 a 11 años		12 a 14 años		15 a 17 años		18 a 24 años	
	2000	2010	2000	2010	2000	2010	2000	2010	2000	2010
Argentina	73,7	93,6	99,2	99,5	97,8	97,4	85,2	88,3	45,4	47,2
Bolivia	47,0	62,5	93,4	97,6	89,2	95,0	76,4	84,9	43,7	48,7
Brasil	65,9	86,6	95,5	98,4	95,0	97,9	81,1	83,7	34,0	28,9
Chile	71,8	94,0	98,6	99,2	97,9	99,0	87,8	92,0	36,4	44,5
Colombia	77,7	87,0	95,1	96,9	89,3	93,5	67,8	75,5	25,1	29,4
Costa Rica	38,3	77,0	96,3	98,8	83,3	94,7	58,2	81,7	32,0	48,6
Ecuador	75,2	93,0	95,8	98,7	82,0	94,4	63,8	81,4	30,0	42,0
El Salvador	50,9	66,5	85,7	95,0	83,8	91,2	62,8	71,6	25,0	26,8
Guatemala	21,8	47,3	75,3	91,3	72,7	82,2	40,7	55,5	18,9	22,3
Honduras	54,8	73,2	91,1	95,3	74,9	76,8	44,1	53,4	21,0	23,8
México	85,2	96,4	96,5	98,3	88,8	91,6	57,9	66,2	26,5	29,7
Nicaragua	60,5	62,0	86,1	89,7	82,6	84,4	58,9	57,7	27,1	27,6
Panamá	68,6	80,7	97,8	98,8	92,8	94,5	75,1	80,0	36,5	34,9
Paraguay	53,1	65,5	94,1	97,8	87,6	94,1	63,9	77,6	28,6	38,0
Perú	74,7	91,3	96,9	97,9	92,1	95,8	69,9	82,2	26,7	34,2
R. Dominicana	64,3	84,0	93,8	97,5	95,6	95,8	83,8	86,5	46,3	45,2
Uruguay	91,9	96,3	98,9	98,3	95,0	95,3	77,2	77,2	37,1	38,6
Venezuela	81,2	93,3	95,8	98,0	91,6	95,5	68,6	78,3	21,6	31,5
Total	74,1	85,9	95,1	96,5	90,2	93,1	69,4	75,4	28,0	31,0

La mayor inclusión educativa también alcanzó a los adolescentes y jóvenes. Hoy tres de cada cuatro adolescentes de 15 a 17 años se encuentran escolarizados. Ello implica un crecimiento del 8% respecto de la tasa de escolarización de esta franja etaria en relación con el año 2000. Esta democratización de la escuela media se refleja también en el número de egresados. Más de la mitad de los jóvenes de 20 a 24 años (el 56,5%) había terminado el secundario en América Latina en el año 2012, y ese porcentaje representa un 10% más que el del año 2005, según datos de SITEAL.

Ello fue posible por las importantes políticas públicas que se llevaron adelante en torno de la ampliación de las oportunidades educativas de los adolescentes y jóvenes. Por un lado, se incrementó fuertemente la inversión en infraestructura y ello permitió la ampliación de las vacantes educativas, principalmente dirigidas a sectores históricamente marginados de la escolaridad media. Por otro lado, se aprobaron nuevos marcos legales que extendieron la obligatoriedad de la escolarización, y abarcaron -en algunos países de la región- hasta la finalización del secundario. También incidieron fuertemente en este proceso los cambios producidos en el mundo del trabajo, principalmente, la tendencia a colocar el título de la escuela media como la plataforma mínima a partir de la cual se puede aspirar a acceder a un trabajo digno y registrado, así como la percepción social de que el acceso a la universidad constituye una condición cada vez más requerida para participar de los procesos de movilidad social ascendente.

Ahora bien, a pesar de que la expansión de la escolaridad media en la última década ha sido muy importante, es necesario destacar que quedan desafíos pendientes. Junto a la necesidad de continuar con esta tendencia democratizadora, el principal reto de América Latina de cara a los próximos años será avanzar en disminuir las importantes desigualdades regionales y sociales persistentes. Mientras que algunos países alcanzaron niveles importantes de escolarización entre los adolescentes y jóvenes, en otros la escuela media continúa estando restringida a una minoría de la población. Un trabajo de investigación realizado sobre la base de las Encuestas Permanentes de Hogares de todos los países de la región y publicado por IIPE/Unesco y OEI (D'Alessandre, 2014) refleja las desigualdades existentes tanto en el acceso como en la culminación de los diferentes niveles educativos.

Dicho estudio muestra, por ejemplo, que entre los adolescentes de 15 a 17 años el 20% se encuentra, en promedio, fuera del sistema educativo formal, y que existen brechas en dicha escolarización asociadas tanto al área geográfica como al estrato social de origen de los adolescentes. El trabajo señala que la tasa de escolarización no sólo difiere entre los países sino que, además, es 20 puntos más alta entre los jóvenes provenientes de zonas urbanas que entre los jóvenes que provienen de zonas rurales. Asimismo, el estudio sostiene que "el 90% de los adolescentes que conviven con adultos que lograron al menos terminar el nivel medio está escolarizado, mientras que en el extremo opuesto –adolescentes que conviven con adultos con bajo nivel de instrucción- la tasa de escolarización desciende al 65%".

Cuadro 2. América Latina: situación educativa de los adolescentes de 15 a 17 años. Año 2010

País	Escolarizados (en %)		No escolarizados (en %)		
	En primaria	En secundaria	No accedió al secundario	Empezó pero no terminó secundario	Terminó secundario
Argentina	1,2	87,2	3,6	7,7	0,3
Bolivia	1,9	83,0	10,3	4,4	0,5
Brasil	8,7	74,9	4,5	9,3	2,5
Chile	0,9	91,1	0,8	4,4	2,8
Colombia	1,7	73,8	8,1	9,3	7,2
Costa Rica	1,2	80,6	12,6	5,0	0,6
Ecuador	1,6	79,8	9,5	7,6	1,4
El Salvador	5,0	66,6	17,7	10,2	0,5
Guatemala	7,4	48,6	37,8	6,0	0,1
Honduras	2,7	50,7	38,0	8,3	0,4
México	0,3	65,9	11,0	22,2	0,5
Nicaragua	6,6	51,0	30,3	10,4	1,7
Panamá	1,8	78,3	10,6	9,1	0,2
Paraguay	2,5	75,6	12,5	9,1	0,4
Perú	1,4	73,4	6,4	6,2	12,6
R. Dominicana	10,4	76,1	7,1	3,6	2,8
Uruguay	0,7	76,4	8,5	14,0	0,3
Venezuela	1,7	76,6	8,2	6,8	6,8
Total	3,4	72,8	9,0	10,7	4,1

Fuente: SITEAL, en D'Alessandre, V. (2014).

Las variaciones observadas en las tasas de escolarización "se deben a cambios en la posición de los adolescentes dentro del hogar de crianza, y en su relación con el mercado laboral". Ambos procesos se encuentran fuertemente vinculados con la condición de género: la presencia de hijos o sobrinos pequeños en el hogar donde residen revela una asociación negativa con la escolarización de los adolescentes: en esos hogares, la escolarización es 15 puntos porcentuales menor y llega casi a 20 puntos de diferencia entre las mujeres que viven con niños menores a los 8 años.

Al mismo tiempo, la necesidad de complementar el colegio con el trabajo y tener, por lo tanto, una dedicación parcial al estudio, también muestra grandes desigualdades. El documento anteriormente citado refleja que "la proporción de adolescentes económicamente activos que viven en los hogares socialmente más desfavorecidos y en las áreas rurales es el doble que entre quienes viven en los hogares de estratos más altos y en las áreas urbanas".

Por último, cabe destacar que junto con las desigualdades de acceso, permanencia y egreso de la escuela media, también deben analizarse las desigualdades de tipo cualitativo. Numerosos estudios acerca de los rendimientos de los alumnos del secundario reflejan que los aprendizajes escolares están segmentados de acuerdo con el origen socioeconómico de las familias de los jóvenes. Estas desigualdades no sólo inciden en las posibilidades de finalización de los estudios secundarios, sino que extienden su influencia tanto a la capacidad de continuar la trayectoria educativa en el nivel superior como a la calidad del trabajo al que los egresados pueden acceder una vez finalizado el nivel medio. La devaluación de las credenciales educativas secundarias frente al mundo del trabajo se profundiza cuando se trata de estudiantes que provienen de circuitos educativos de baja calidad.

En el caso de nuestro país, por ejemplo, la ampliación de la obligatoriedad de la escolarización hasta el último año del secundario, la mayor inversión en infraestructura y el establecimiento de políticas de ingreso, como la Asignación Universal por Hijo (AUH), que vinculan la percepción del ingreso con la asistencia escolar, fueron algunas de las políticas públicas que permitieron ampliar las oportunidades educativas de los adolescentes y jóvenes. La escolaridad de los adolescentes de 15 a 19 años se incrementó del 73 al 78% en los últimos diez años (EPH, primer trimestre 2003/13), al tiempo que la predisposición a trabajar o buscar trabajo –tasa de actividad– se redujo significativamente en el mismo período (de 27,4 a 19,0%).

A pesar de ello, persisten desigualdades sociales entre los adolescentes, de la misma manera que sucede en la región. Los jóvenes de 15 a 19 años que deben combinar el estudio con el trabajo pertenecen en su mayoría a los quintiles de ingreso más bajos.

Gráfico 2. Jóvenes que trabajan y estudian según quintil de ingreso individual, por grupos de edad. Primer trimestre, 2013

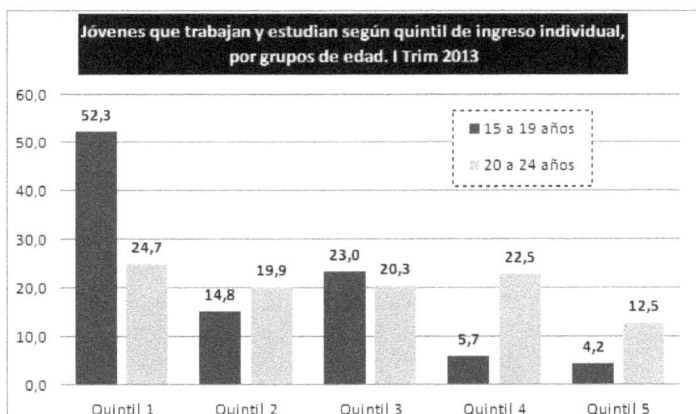

Jóvenes que trabajan y estudian según quintil de ingreso individual, por grupos de edad. I Trim 2013

Fuente: INDEC, Encuesta Permanente de Hogares. Elaboración propia.

Asimismo, la mayoría de los adolescentes no escolarizados y que, además, no trabajan, provienen en Argentina de hogares con pobreza persistente: más del 80% de sus padres no finalizaron estudios secundarios, uno de cada tres pertenece al primer decil de ingresos, y las tres cuartas partes de ellos se agrupan en los deciles más bajos.

Gráfico 3. Jóvenes de 18 a 24 años que no estudian ni trabajan, por deciles de ingreso. Primer trimestre, 2013

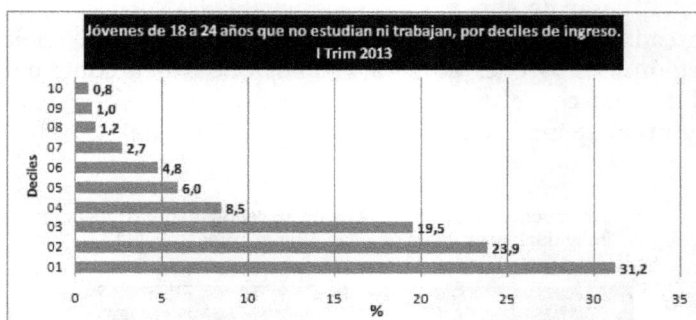

Fuente: INDEC, Encuesta Permanente de Hogares. Elaboración propia.

Las diferencias que se observan entre género, desescolarización y condición de inactividad introducen una nueva complejidad para entender la relación entre adolescencia, juventud, y vulnerabilidad en toda la región. Conforme nos muestran los datos nacionales de la EPH para el primer trimestre de 2013, el 58,7% de estos adolescentes que no están escolarizados ni son activos laboralmente son mujeres, que se autoidentifican como "amas de casa" en el 47,8% de los casos. Es probable que la mayoría de estas mujeres estén al cuidado de sus hermanos o que ellas mismas sean madres jóvenes, ya que en el 35,5% de sus hogares viven menores de 5 años.

Cuadro 3. Adolescentes de 15 a 19 que no estudian ni trabajan. Argentina, primer trimestre 2013

Género	Femenino	58,7%
	Masculino	41,3%
Categoría de inactividad	Pensionado/jubilado	0,8
	Ama de casa	47,8
	Discapacitado	2,8
	Otros	48,6
Presencia de menores en el hogar	Residen con menores de 5 años en el hogar	35,5
	Residen con menores de 5 años en el hogar y son amas de casa	28,5

Fuente: INDEC, Encuesta Permanente de Hogares. Elaboración propia.

Los nuevos desafíos

Como hemos analizado, el cambio en el modelo de desarrollo que han emprendido la mayor parte de los países latinoamericanos modifica profundamente la función social que se espera de la educación. En la década de 1990, la aplicación de las teorías neoliberales en la economía condujo a una importante polarización social: dicho modelo requería una pequeña porción de la población altamente cualificada para trabajar en los modernos procesos productivos que implican altas tecnologías, y una gran masa de población poco calificada para incorporarse a puestos laborales de baja productividad o, incluso, permanecer marginada del acceso al trabajo registrado y digno. La concepción de que no debían invertirse recursos públicos en "sobrecualificar" a grandes sectores de la ciudadanía que iban a permanecer desocupados o con trabajos precarios fue dominante en la región. Por ello las escuelas destinadas a los sectores populares tendieron a restringir su función y se constituyeron en simples espacios de socialización, o se convirtieron en meros "refugios" frente a la crisis del mercado laboral, de modo que descuidaron su función en el proceso de enseñanza-aprendizaje.

Las transformaciones producidas en la última década modificaron esta mirada. La educación cambia su función social y pasa a jugar un rol decisivo en cuanto a mejorar las capacidades laborales de la población en un contexto donde el mercado de trabajo demanda de manera creciente la incorporación de trabajadores formales, y requiere de mayores conocimientos y de nuevas competencias para integrar los cambios tecnológicos en los procesos productivos. Pero al mismo tiempo, el acceso a la educación también pasa a ser visto como un aporte estructural a la inclusión ciudadana, la cual exige la finalización del nivel secundario como un derecho social que debe ser universalizado. En las actuales sociedades latinoamericanas, el nivel secundario se convierte cada vez más en el umbral mínimo necesario para garantizar una integración social plena.

En este contexto, es preciso enfatizar que los desafíos futuros están íntimamente vinculados con la necesidad de continuar ampliando la universalización de la escolarización y egreso del nivel medio, al mismo tiempo que se trabaja fuertemente en disminuir las desigualdades que subsisten tanto desde el punto de vista cuantitativo como cualitativo.

El riesgo de ampliar masivamente la incorporación de jóvenes al nivel medio, a costa de generar situaciones educativas precarias que reproduzcan desde la oferta escolar las desigualdades de origen, es alto. Los sectores aún marginados del secundario, por pertenecer a los núcleos de pobreza que persisten a pesar de las mejoras que vivieron nuestras sociedades en los últimos años, son los más difíciles de incorporar a la escolaridad, lo cual exige políticas muy específicas para que sean exitosas. Es necesario afrontar el desafío de generar las mejores condiciones educativas para aquellos alumnos que provienen de las familias más humildes, de manera que la potencialidad igualadora de la educación pueda llevarse adelante. En este aspecto, no sólo resultan fundamentales las modalidades y estrategias educativas que se pongan en marcha para incorporarlos, sino también las políticas de formación y jerarquización de la carrera docente, especialmente de aquellos que tienen que desempeñarse con los sectores poblacionales más necesitados y que constituyen la primera generación familiar en la escuela media.

Este tipo de estrategias requiere focalizar mayor cantidad de recursos en aquellos sectores que, según se ha visto, muestran más dificultades en el acceso y egreso del secundario: las poblaciones pobres, rurales y particularmente las mujeres que realizan tareas domésticas. La experiencia muestra que no alcanza con la apertura de vacantes para que estos grupos poblacionales puedan incorporarse a la escolaridad media. Es necesario desarrollar políticas sociales y laborales integrales para los jóvenes y sus familias con el objetivo de que la oportunidad de estudiar se transforme en una realidad que se concrete a partir de estrategias puntuales para las diferentes problemáticas que deben afrontar. Por otra parte, hay que tener en cuenta que, a medida que nuevos grupos sociales van culminando la escuela media, crece la demanda por la educación superior. Ello coloca a los gobiernos en una difícil disyuntiva: volcar más recursos para atender las necesidades educativas de quienes ahora están en condiciones de acceder a la universidad, o priorizar la inversión en aquellos grupos que aún no han podido completar la educación obligatoria.

Sin lugar a dudas, lograr equilibrar los esfuerzos por satisfacer ambas demandas en contextos donde las necesidades educativas siempre son crecientes constituye uno de los principales desafíos de los próximos años para los gobiernos de la región. Enfrentar con éxito este desafío significará también ser coherentes y consolidar la perspectiva a partir de la cual se generaron los procesos transformadores en América Latina: el crecimiento económico no es un objetivo en sí mismo como en los años 1990, sino que se trata de que sus beneficios se distribuyan en el conjunto de la población de manera de alcanzar sociedades más igualitarias. Es esta distribución más equitativa de los beneficios la que genera el crecimiento del mercado interno y la que garantizará, a su vez, la continuidad de los procesos de crecimiento. Ello requiere sistemas educativos democráticos, igualitarios y de alta calidad para todos, capaces tanto de mejorar las posibilidades de crecimiento y productividad de las sociedades latinoamericanas, como de generar las condiciones de justicia social que permitan que todos los adolescentes y jóvenes tengan la misma posibilidad de disfrutar de los derechos que los pueblos latinoamericanos han conquistado en el nuevo siglo.

Bibliografía citada

CEPAL (2014). *Estudio económico de América Latina y el Caribe*, Colección Informes Anuales, ECLAC.

D'Alessandre, V. (2014). *El desafío de universalizar el nivel medio. Trayectorias escolares y curso de vida de los adolescentes y jóvenes latinoamericanos*, Buenos Aires/Madrid/París: Unesco, Iipe, OIE (http://goo.gl/LARvBm).

Filmus, D. y Cárcar, F. (2012). "Educación y trabajo en América Latina y Argentina en las últimas dos décadas", en Filmus, D. (comp.). *Crisis, transformación y crecimiento: América Latina y Argentina*, Buenos Aires: EUDEBA.

Filmus, D. (2010). "La educación y el trabajo para la inclusión social de los jóvenes", en *Revista de Trabajo. 200 años de trabajo. Nueva Época*, año 6(8), pp. 177-198, Buenos Aires: Ministerio de Trabajo, Empleo y Seguridad Social.

Filmus, D.; Kaplan, S.; Miranda, A. y Moragues, M. (2001). *Cada vez más necesaria, cada vez más insuficiente. Escuela media y mercado de trabajo en épocas de globalización*, Buenos Aires: Santillana.

Itzcovich, G. (2014). "La expansión educativa en el nivel medio. América Latina, 2000-2010", en *Cuaderno 19*, SITEAL (http://goo.gl/DuYx0r).

Segunda parte. Evidencias sobre transiciones juveniles en la Argentina: educación, empleo y hábitat

Agenda estatal y democratización de la continuidad educativa en jóvenes

Acerca de la autora

Jimena Merbilhaá es licenciada en Ciencia Política por la Universidad de Buenos Aires. Estudiante de la maestría de Diseño y Gestión de Programas Sociales en la Facultad Latinoamericana de Ciencias Sociales (FLACSO), actualmente se desempeña como docente de cátedra de Sociología del Ciclo Básico Común (CBC) de la Universidad de Buenos Aires. Participa en el Programa de Juventud como asistente de investigación. Su tema de interés se relaciona principalmente con temáticas de Estado, juventud y educación.

Introducción

Diversas investigaciones han hecho mención acerca de cómo las diferentes coyunturas macrosociales suelen generar tendencias contradictorias o inesperadas (De Ibarrola, 2006) en la participación de los jóvenes en la educación. Por ejemplo, se ha planteado que las recesiones económicas pueden incrementar la participación educativa de los jóvenes ante las pocas posibilidades de empleo, y a su vez en coyunturas más favorables, pueden generar desgranamiento en los distintos niveles educativos, y configurar trayectorias juveniles diferenciales (Miranda *et al.*, 2014).

El presente artículo retoma las conclusiones de un estudio realizado[1] sobre la base de los datos de la muestra del proyecto *La inserción ocupacional de los egresados de la escuela media: 10 años después*, en donde se sostiene la idea de que los jóvenes egresados de la cohorte 2011 han logrado reconfigurar la relación entre educación y trabajo en un contexto de ampliación de la protección social y el avance de la inclusión educativa, otorgando a la actividad laboral un lugar complementario y no excluyente a la continuidad educativa.

La hipótesis que se trabaja en este artículo propone la idea de que la continuidad educativa ha sido uno de los objetivos de las políticas y programas sociales incorporados en la agenda de gobierno en la última década a modo de garantizar la formación educativa como actividad disponible y deseable para la juventud, lo cual marcó, en este sentido, una ruptura con la década precedente, pues se inició un proceso de mayor justicia y equidad social en la redistribución de bienes educativos (Mazzola, 2014).

Los temas presentes en la agenda de gobierno que son implementados a través de políticas o programas sociales referidos a la continuidad educativa permiten visibilizar las actividades fomentadas desde el marco gubernamental para la juventud (Miranda, 2008) en distintos períodos. Este posicionamiento estatal diferencial a partir de la última década permite sostener trayectorias de continuidad educativa más democráticas por sectores o clases sociales, según revelan los datos de la muestra analizada. Estos cambios de abordaje en torno a la relación entre juventud y Estado han generado un cambio en los proyectos de vida de los jóvenes en tanto "generación", un proceso catalizador de la estructuración social que promueve o delinea diferentes

---

1. El artículo se presenta como una continuación de la publicación: Miranda, A.; Corica, A.; Arancibia, M. y Merbilhaá, J. (2014). "Educación + trabajo = menor desigualdad: la inserción educativa y laboral de los egresados 2011", en Busso, M. y Pérez, P. (coords.).*Tiempos contingentes.*

trayectorias juveniles dependiendo del contexto histórico en el que atraviesan esta etapa vital.

Agenda de gobierno

La conformación de la agenda de gobierno constituye un momento relevante para el análisis político; la presencia o ausencia de temas responde a la relación de fuerzas en la que opera un gobierno. En ella se cristalizan los grupos de presión e intereses o cuestiones sociales que toman relevancia en las esferas gubernamentales. El modo en que la estructura del Estado se posiciona e interviene ante las cuestiones socialmente problematizadas (Ozlack y O'Donnell, 1995) indica pautas acerca del rol del Estado en relación con esos grupos de interés y de presión que intervienen en la arena política y en la sociedad en conjunto.

La configuración de la agenda estatal deja entrever distintas relaciones entre el Estado y los distintos grupos sociales. Las políticas públicas y programas sociales son producto de la interacción de múltiples actores y de pujas distributivas político-institucionales que tejen la garantía de derechos sociales con retrocesos y avances no lineales en la historia de nuestro país. En la historia argentina, diferentes trayectorias de la política social fueron expresadas bajo distintas concepciones político-ideológicas que delimitaron los cursos de diseño e implementación, lo cual dio lugar a diversos debates que nutrieron y fundamentaron la política estatal en contextos diferenciados (García Delgado, 2006).

La formación de las políticas públicas y los programas sociales ha tendido a modificar el sentido y objetivo de la intervención en la sociedad. Diversas investigaciones lograron conceptualizar procesos complejos en el marco del binomio ampliación-restricción de derechos, para abordar los asuntos críticos de la cuestión social en el país. (Mazzola, 2014; García Delgado, 2006; Tenti Fanfani, 1996). Si bien distintos autores plantean que desde el retorno de la democracia la inversión pública se ha consolidado, y ha mostrado una tendencia hacia el crecimiento durante todo el período (Anlló y Cetrángolo, 2007), diferentes concepciones en torno al abordaje de la cuestión social han dejado evidencia acerca de las distintas modalidades de vinculación que el andamiaje estatal tiene con la sociedad civil. Según el entramado ideológico-político que encuadre el accionar estatal, la asignación o distribución de los recursos estatales tendrá diferentes objetivos y será sustentada por concepciones de fondo en relación con la noción de Estado y su rol en la sociedad. En este sentido, en diferentes publicaciones reconocidas por el ámbito académico, se ha sostenido que la política estatal en los últimos años se ha posicionado desde la perspectiva de la ampliación de la protección social y el reconocimiento de los sujetos como portadores de derechos. Esta visión sobre la cual se sostiene la política estatal posiciona a la juventud como sujeto de política pública en contraposición a un conjunto de individuos vulnerables que deben ser contenidos por el Estado, o como grupo estigmatizado o peligroso, cuestión que continúa vigente en gran parte del discurso social, intensificado en la relación entre pobreza y juventud.

Dadas estas consideraciones, en el próximo apartado se abordarán y desarrollarán desde una breve aproximación sociohistórica las distintas formas en que la política estatal aporta a la consolidación o a la dispersión de un marco de actividades socialmente disponibles para la juventud relacionadas con el ámbito educativo. Estos cambios no son ingenuos ni casuales; en este sentido, Juan Carlos Tedesco ha considerado que el sistema educativo como ámbito de integración gradual en expansión ha sido escenario de diversas luchas sociales que recorren la historia de nuestro país, y que a su vez estos procesos dan cuenta de la dinámica de la relación entre Estado y sociedad con respecto a la función encomendada para la educación en los distintos períodos históricos.[2] El estudio coincide con la idea de que la función de la educación no puede ser analizada por fuera del sistema político y el modelo económico (Filmus, 1996), sino que su abordaje debe darse desde una perspectiva de análisis que articule dichas variables, puesto que cada alianza de gobierno sostiene por acción u omisión un arbitrario cultural acerca de la interpretación de la educación y sus objetivos, y esto genera implicancias para el conjunto de la sociedad.

Juventud y educación

A inicios del siglo XX, el Estado oligárquico liberal encontró en la educación el medio para integrar y modernizar a la heterogénea población. La educación respondió a la necesidad de integración social y nacional (Tedesco, 2012), de generación de consenso y también a la creación de la incipiente burocracia de la maquinaria estatal en el marco de la conformación del Estado-nación (Filmus, 1996). Este modelo mostraba correspondencia entre acceso a los distintos niveles educativos y sectores sociales de origen. Esta organización social dio como resultado una porción minoritaria de elite formada y educada para la dirigencia política y la gestión del aparato burocrático. Por otro lado, se encontraba una mayoría excluida que encuentra

---

2. En primer lugar, el autor menciona la idea de constitución de nacionalidad en el marco de la construcción de los Estados nacionales, es decir, la función o variable clave de la educación resulta ser "política". Este análisis permite interpretar a la educación como medio de homogeneización cultural y formación de elites dirigentes. En segundo lugar, el autor menciona otro momento histórico, hacia la década de 1960, en donde la educación se definió alrededor de la formación de recursos humanos, y fue clave la variable de "lo económico". El tercer modelo que presenta el autor es reconocido bajo la aplicación de lógicas de mercado profundizadas en la década de 1990 con implicancias para la distribución de un bien público, como el conocimiento. En este marco, la variable de "mercado" arrasaría con las variables anteriores y concebiría a la educación como bien transable y comerciable asociado a las ideas del capital humano.

su correlato en el joven pobre como peligroso y amoral (Mazzola, 2014).

La Reforma Universitaria en 1918 fue catalizadora de los cambios en el seno de esta estructura social en el contexto de un proceso de democratización del sistema político iniciado con la universalización del voto secreto y obligatorio para los hombres mayores de 18 años. Este movimiento cuestionaba el sistema educativo y por lo tanto la distribución de conocimiento[3] para las capas medias en proceso de formación y con capacidad de presión política. En años posteriores, las modificaciones devenidas en el marco de la emergencia de los denominados "Estados de Bienestar" permitieron grandes cambios en términos de ampliación de derechos sociales, políticos y económicos para las mayorías. En Argentina, particularmente, estos cambios permitieron la inclusión a la participación social y política de los sectores históricamente relegados (Filmus *et al.*, 2001). Las implicancias de una sociedad integrada, bajo la política de pleno empleo con distribución salarial y un panorama internacional favorable para la política comercial, elevaron las posibilidades de continuidad educativa con la promesa de movilidad social en el marco de una sociedad asegurada y asalariada (Castel, 1997). Este modelo intervencionista y garante en ampliación de derechos del trabajador entendió a la juventud como "moratoria" (preparatoria para la vida adulta), y de esta manera, la formación para el trabajo en los jóvenes se evidenció en la creación de escuelas técnicas, universidades obreras (UTN) y la inversión en ciencia y tecnología como agregación de valor a la producción industrial (Jacinto y Gallart, 1995).

A su vez, se implementaron distintas actividades tendientes a la integración de los y las jóvenes, como la implementación de torneos deportivos y actividades recreativas

---

3. Los grupos de elite se mostraron reticentes ante estos cambios puesto que perderían sus privilegios de clase y estatus social legitimado a su vez por las credenciales educativas alcanzadas.

para niños y jóvenes. Este contexto interno propició el surgimiento de los jóvenes como actores sociales y políticos en los diferentes ámbitos de la sociedad, y así la participación política en barrios, clubes, asentamientos, colegios, universidades, sindicatos y partidos o movimientos políticos los posicionaría como uno de los actores protagónicos del sistema político hacia los años 1960 y 1970 (Balardini, 2000).

Ante el quiebre del Estado social y la irrupción de las políticas neoliberales, la desregulación económica, las privatizaciones y las políticas focalizadas fueron los nuevos ejes centrales de esta "gran transformación". El desmantelamiento del Estado y por lo tanto de las áreas de intervención estatal reconfiguran el orden y las relaciones sociales precedentes con implicancias negativas para amplias capas de la población, particularmente para los sectores populares (Vilas, 1997). Para los jóvenes, significó un repliegue en sus formas de expresión y protagonismo político que caracterizaron la etapa previa al terrorismo de Estado a partir de la desaparición y represión desatada. La descentralización, privatización y focalización, características de la profundización de la política neoliberal en la década de 1990, significaron un retroceso para la grandes mayorías y particularmente para los jóvenes (Miranda, 2007).

La descentralización educativa fue sinónimo de la profundización de las desigualdades para su acceso y calidad, atravesados por la agudización de las inequidades socioeconómicas y las diferencias territoriales (Anlló y Centrándolo, 2007). Estos cambios comenzaron a traslucir nuevas dificultades, como baja tasa de finalización de los niveles, abandono y repitencia remarcada por la creciente desactualización de los contenidos curriculares y la obsolescencia tecnológica. En este contexto, las demandas sociales que no eran atendidas por la política pública encontraron refugio en la escuela (Carli, 2012; Filmus *et al.*, 2001) y en el sistema educativo en general, a modo de contención de los perdedores ante la "reformulación de las pautas de inclusión y exclusión social" (Svampa, 2005: 130).

Estas discusiones han sido retomadas en el marco de numerosas investigaciones realizadas en nuestro país que lograron conceptualizar procesos complejos de exclusión y reproducción al interior del sistema educativo desde la década de 1980 (Dussel, 2007; Braslavsky, 1986). La idea de igualdad formal que delinea la estructura del sistema educativo (en términos de baja estratificación entre los niveles de enseñanza, y en muchos casos, de inexistencia de aranceles y exámenes de ingreso) (Miranda, 2007) ha sido cuestionada en el marco de estudios de la desigualdad educativa. Estos reconocieron, entre otras conceptualizaciones (Tiramonti, 2006), la existencia de circuitos diferenciales en donde la calidad y cantidad de saberes circulan, en un mismo sistema educativo, de maneras disímiles entre los distintos sectores sociales (Braslavsky, 1986). En este sentido, la desigualdad en el acceso y distribución de los bienes culturales (Bourdieu y Passeron, 2009) evidencia las distinciones en la formación y orientación de habilidades de jóvenes pertenecientes a diversos grupos sociales (Ornellas, 1994). Este nuevo paradigma reconfigura la estructura social y por lo tanto las oportunidades de los jóvenes y la conformación de su propia trayectoria. Estos procesos generarán un hiato en la historia del sistema educativo argentino que repercutirá negativamente en generaciones de jóvenes que atravesaron esta etapa de la vida en el contexto de la profundización de las políticas neoliberales (Kessler, 2014).

La juventud y la cuestión social

El panorama social del nuevo siglo se encontró situado bajo el legado de crecientes niveles de pobreza e indigencia y con altos índices de desempleo y desprotección en cuanto a los servicios básicos de salud y educación (CEPAL, 2011). Los indicadores distributivos, en continuo deterioro, alcanzaron sus peores registros históricos luego de la devaluación de 2002. El efecto combinado de la caída del empleo (22% de desempleo) y de los ingresos reales de la clase trabajadora hicieron que en octubre de ese año, la indigencia y la pobreza alcanzaran niveles del 27,5% y 57,5% de la población, respectivamente (Beccaria, 2007). Como es sabido, los índices de desempleo en los jóvenes ascienden a la media en todos los períodos mencionados.

El comportamiento de los indicadores sociales puso en evidencia una situación social que modificó la estructura social argentina, e implicó cambios fuertes en la composición de los sectores sociales. Esta tendencia tomó mayor relevancia al finalizar la década de 1990 y en el comienzo del nuevo siglo. La movilidad de los sectores sociales ya no se presentaría como ensanchamiento de los sectores medios, principal rasgo de las décadas precedentes al golpe de Estado de 1976 (Groisman, 2013), sino que esta movilidad será descendente, y así generará un estado de polarización social. Diversas investigaciones han logrado dar cuenta de un "proceso de reproducción ampliada de las diferencias interclase [...] implicando una distancia mayor en términos de reducción de oportunidades de vida" (Svampa, 2005: 130). Este escenario implicará nuevas problemáticas e identidades sociales emergentes, entre ellas, las capas de la clase media devenidas en los denominados "nuevos pobres", que sufrirán reconfiguraciones en el acceso a los bienes económicos, sociales y culturales.

Estos procesos desarticularon distintos ámbitos de socialización, como la familia, el trabajo y la educación (Mancebo, 1999), sucesos que resultaron sólo algunas de las características que estructuraron las trayectorias de exclusión de los jóvenes durante la profundización de políticas neoliberales en la década de 1990 (Salvia *et al.*, 1999). El aislamiento, la desocupación y el ausentismo del Estado segregaron a los jóvenes de los ámbitos sociales, y los mostraron como a-nómicos, de-socializados y peligrosos (Kessler, 2014). En este marco, la sociedad fragmenta y transforma a los sujetos en culpables de su vulnerabilidad y marginalidad (Mancebo, 1999 y Mauricio, 2012).

La devenida situación social encontró a los jóvenes de la época como las principales víctimas del ajuste. Los cambios estructurales generaron implicancias para su calidad de vida e integración social. Las nuevas reglas del crecimiento económico desafiliaron y expulsaron (Castel, 1997) a los jóvenes empobrecidos de los ámbitos valorados socialmente. El achicamiento del Estado y sus áreas de intervención dejaron como saldo una sociedad desintegrada, donde la idea de juventud se asocia a la peligrosidad y desacato como forma de justificación del sentido común construido bajo la idea de "juventud perdida".

Política pública y programas sociales

Los cambios mencionados han afectado a los países de la región latinoamericana que adoptaron políticas neoliberales similares en el marco del consenso de Washington. A su vez, a principios de siglo, y una década después del "auge neoliberal", estos países han transitado por instancias políticas, económicas y sociales similares respecto de cambios en la política macroeconómica y reconfiguración del rol del Estado. Este nuevo panorama demostró un cambio significativo en la búsqueda de la equidad y distribución de bienes y servicios públicos por parte de la acción estatal (García Delgado, 2014).

En Argentina particularmente, en las últimas dos décadas se pueden identificar distintos momentos de la política pública. Por un lado, durante los años 1990 la política focalizada influenció gran parte de los posicionamientos del Estado en relación con las problemáticas sociales. Estas políticas se basaban en esquemas condicionados dirigidos a grupos sociales determinados, y dieron muestra de una marcada diferenciación respecto de las características de las políticas universales vigentes durante los Estados de Bienestar. Los años recientes han sido escenario de recuperación de la presencia estatal en materia de políticas sociales, en términos de universalidad e integralidad en el marco de los derechos ciudadanos garantizados por el Estado (CEPAL, 2011), lo cual marcó una diferenciación pronunciada respecto de la retracción del rol del Estado en la década precedente, pues éste reasumió funciones perdidas y dio respuesta a las demandas de inclusión e igualdad postergadas (García Delgado, 2014).

En este sentido, los cambios en la política social pueden ser tomados como el reflejo de las reconfiguraciones en el plano político institucional que acompañaron los cambios en las variables macroeconómicas en el marco de la postcrisis social de 2001. Distintos accionares legales y políticos dan cuenta de este nuevo posicionamiento de la agenda estatal en relación con la promoción de continuidad educativa, y de esta manera, se torna uno de los objetivos de las políticas y programas sociales en la última década. La sanción de la Ley de Educación Nacional (Filmus y Kaplan, 2012) estipuló la obligatoriedad del nivel secundario, y asignó al Estado como garante de su cumplimiento. A su vez, la aplicación de controles sobre el trabajo infantil y la implementación de la AUH sobre finales de 2009 (Gasparini y Cruces, 2010), así como las distintas modalidades de programas destinados a la inclusión educativa: Programa Conectar Igualdad, Becas Bicentenario, continuidad del Programa Nacional de Becas Universitarias, Programa de Respaldo a Estudiantes de Argentina, Jóvenes con Más y Mejor Trabajo, entre otros, dieron lugar a un marco de derechos que aún se encuentra en proceso de evolución, pero que crea un nuevo entorno desde donde pensar acciones de promoción de las condiciones de vida de la juventud y sus ámbitos de socialización e integración. En esta misma dirección, la ley de financiamiento educativo logró establecer un aumento progresivo de la inversión en la educación en ciencia y tecnología, por medio de la asignación de un 6% del PBI para esta área.

La Ley de Educación Nacional logró la unificación del sistema educativo garantizando, por medio de la obligatoriedad, el derecho a la educación desde los 5 años hasta la culminación del secundario. En este sentido, la promoción de la igualdad educativa en manos del Estado se evidencia a través de este marco normativo que insta al Estado a cumplir con las obligaciones que marca la ley avalada por el Congreso Nacional. Se puede captar la intención de remplazar la lógica sectorial y focalizada por una lógica ampliatoria de derechos sociales particularmente ligados al área educativa de forma universal. En términos de Esping-Andersen: "La ampliación de los derechos sociales se ha considerado siempre la esencia de la política social. El criterio relevante para éstos debe ser el grado en el que permiten a la gente que sus niveles de vida sean independientes de las puras fuerzas del mercado" (Esping-Andersen, 1993: 20).

En los últimos 13 años se han creado diez universidades, de las cuales cuatro se encuentran localizadas en el Conurbano (Universidad Nacional de Avellaneda [UNDAV], Universidad Nacional de Moreno [UNM], Universidad Nacional Arturo Jauretche, en Florencio Varela, Universidad Nacional de José C. Paz), en un proceso de acercamiento territorial de la universidad pública hacia los jóvenes que transitan su vida en el Gran Buenos Aires. Otro de los mecanismos con mayor renombre es la creación e implementación exitosa de los Programas FINES y COA, que permitieron la terminalidad educativa del nivel medio a los sectores que por distintas razones no lograron completarlo en la edad teórica. Estos programas y políticas en articulación con el contexto macroeconómico lograron incidir en el marco de oportunidades de los jóvenes, aunque los desafíos y tareas pendientes aún sigan siendo de considerable envergadura en relación con la permanencia y egreso de los jóvenes en los distintos niveles educativos por sector social y su relación con el mundo del trabajo.

Cambios y continuidades en las políticas educativas dirigidas a la juventud

Tomando como referencia la última década, la recuperación económica y el crecimiento con distribución permiten pensar a los jóvenes de sectores medios y bajos con nuevas posibilidades y marcos de oportunidad. El modo en que la política pública y los programas sociales reconfiguran las posibilidades de los jóvenes resulta un análisis fundamental para realizar una aproximación a las diferentes cohortes de egresados en distintos contextos sociales y roles estatales. Como ya ha sido mencionado, la propuesta se enmarca en el proyecto de investigación denominado *La inserción ocupacional de los egresados de la escuela media: 10 años después.* Sobre la base del trabajo realizado se analizará información análoga acerca de actividades educativas y laborales previas y posteriores al egreso de la educación secundaria de dos cohortes que ingresaron al mercado laboral en dos períodos diferentes. Los datos utilizados referidos a la última cohorte fueron relevados a través de una encuesta aplicada a 538 egresados de la escuela media durante los meses de agosto y septiembre de 2011. Las 19 escuelas que integran la muestra están localizadas en la Ciudad de Buenos Aires, La Plata y el Conurbano Bonaerense. A su vez, en diciembre de 2012, transcurrido un año de la primera encuesta, se llevó a cabo el primer operativo telefónico, con el que se logró la concreción de 385 encuestas.

Cuadro 1. Distribución porcentual de alumnos de la cohorte 1999-2011 según actividades en el primer año de egreso, por sector social de la escuela

Actividad en el primer año de egreso	1999			2011		
	Bajo	Medio	Alto	Bajo	Medio	Alto
Estudia solamente	17,3	22,4	49,6	10,9	38,3	53,3
Estudia y trabaja	19,3	21,1	25,2	15,3	19,5	19,6
Desocupado y estudia	9,5	14,2	10,9	8,8	11,7	16,3
Estudia	46,1	57,7	85,7	35,0	69,5	89,2
Desocupado y no estudia	28,4	30,6	7,6	36,5	23,4	6,5
No estudia ni trabaja	15,6	9,1	1,7	19,0	4,5	0,0

Fuente: datos del proyecto La inserción ocupacional de los egresados de la escuela media: 10 años después, con sede en FLACSO Argentina. Elaboración propia.

En el caso particular de la muestra de estudio, los datos registrados en el primer año de egreso demuestran que existen distintas modalidades de transición según los grupos sociales a los que pertenecen los jóvenes, influenciadas por los distintos contextos económicos y sociales. En los datos de la cohorte 1999 de los egresados de la escuela media, se pudo observar que muchos jóvenes de sectores sociales bajos y medios –en particular las mujeres– veían impedida su continuidad en el sistema educativo ya que debían incorporarse tempranamente a las tareas del cuidado de la casa, en muchos casos acompañando a las jefas de hogar en tareas domésticas como el cuidado de los niños más pequeños. Esta cuestión representa continuidades a pesar de la feminización de la matrícula.

La expansión y masificación de la escuela secundaria y el aumento de la matrícula en el nivel superior (García de Fanelli y Jacinto, 2010) han sido sucesos que impactaron en la condición juvenil a nivel regional y global, de modo que conformaron nuevas trayectorias juveniles. En Argentina particularmente, la proliferación de nuevas universidades públicas y privadas denota un aumento de matrícula posible de observar en los grandes centros urbanos, como el Gran Buenos Aires. La emergencia de distintos programas y políticas promotoras de la continuidad educativa ha incorporado sectores subalternos que habían sido desprovistos por largo tiempo de este derecho.

Gráfico 1. ¿Empezaste a estudiar este año? Cohorte 2011, según respuesta al primer año de egreso

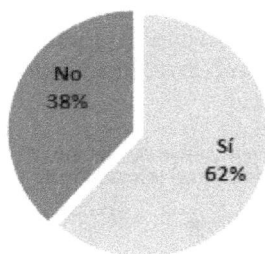

Fuente: datos del proyecto *La inserción ocupacional de los egresados de la escuela media: 10 años después*, con sede en FLACSO Argentina. Elaboración propia.

Al observar las tendencias generales de la cohorte 2011, se hace evidente que más de la mitad de los y las jóvenes de la muestra comenzaron a estudiar inmediatamente al año de egreso. El dato refleja que la idea de comenzar un estudio superior resulta más cercana para los jóvenes actuales en comparación con la cohorte 1999. La continuidad de estudios es asumida como una posibilidad concreta, por lo tanto como parte de sus proyectos de vida. En este punto, algunos debates recientes sostienen la idea de que una vez que los jóvenes ingresan a estas instituciones, son las universidades las que deben adecuarse a este "nuevo fenómeno", es decir, a la incorporación de jóvenes que no provienen de un entorno educativo con experiencia en el mundo universitario. La permanencia y egreso de los jóvenes del nivel educativo superior sigue siendo un desafío para el diseño y gestión de la política pública, a fin de evitar el desgranamiento en los primeros años de los y las jóvenes que transitan su primera experiencia familiar en este ámbito. Si bien la literatura sobre juventud sostiene que los trayectos de la juventud contemporánea son más reflexivos y reversibles, el desgranamiento y cambio de carrera resultan más persistentes en los sectores bajos en comparación con los y las jóvenes con mayor acceso a bienes culturales y relaciones sociales próximas al mundo universitario (Ezcurra, 2011). El alto porcentaje de jóvenes que en el primer año acceden a la continuidad educativa da cuenta de un panorama más democrático en términos de alcance de la continuidad de estudios, pero aún se requiere un seguimiento más exhaustivo acerca de las consecuencias de estos procesos.

Cuadro 2. Distribución porcentual de alumnos de la cohorte 1999-2011 según dónde están estudiando al primer año de egreso, por sector social

	1999			2011		
	Bajo	Medio	Alto	Bajo	Medio	Alto
Universidades	48,2%	79,1%	91,2%	78,2%	73,0%	89,6%
Institutos terciarios/profesorados	24,1%	8,2%	7,8%	10,9%	13,5%	4,2%
Institutos de formación profesional/cursos	27,7%	12,7%	1,0%	10,9%	12,4%	6,3%
TOTAL	100%	100%	100%	100%	100%	100%

Fuente: datos del proyecto *La inserción ocupacional de los egresados de la escuela media: 10 años después*, con sede en FLACSO Argentina. Elaboración propia.

Según los datos obtenidos, se puede verificar que mientras que los grupos del sector medio y alto especifican la tendencia hacia la continuidad educativa de nivel superior como modalidad transicional preeminente, las y los estudiantes del sector bajo acrecientan su participación en el mercado de trabajo inmediatamente después del egreso. En este sentido, los resultados parecen indicar que en tanto que entre los sectores medios la prosperidad en el grupo familiar refuerza el camino educativo, en el sector de ingresos bajos existe una vinculación fuerte entre la educación y el trabajo. Sin embargo, esta vinculación no impide las posibilidades de continuidad educativa, según los datos procesados, en los cuales se observa una expansión de la proporción de jóvenes que asiste a la educación superior universitaria en detrimento de los que optan por concurrir a instituciones de formación técnica de nivel superior o terciario no universitario. Los cambios observados en las elecciones educativas en el primer año de egreso entre los egresados de las cohortes 1999 y 2011 dan cuenta de los cambios socioeconómicos y del posicionamiento estatal en el avance de la protección social y de las políticas de promoción de la continuidad educativa, que impactan sobre las posibilidades y expectativas de continuidad educativa de los y las jóvenes.

Un dato de sumo interés es aquel relacionado con el acceso a la tecnología, sobre todo respecto de la política activa de los últimos años asociada a la distribución de computadoras personales (*notebooks*) entre los alumnos de la educación pública. De las 383 encuestas concretadas a un año de egreso de la escuela media, 160 jóvenes contestaron afirmativamente tener la *notebook* Conectar Igualdad. Éstos representan el 41,8% de los jóvenes de la muestra que obtuvieron la *notebook* en el marco del Programa Inclusión Digital Educativa vigente desde el año 2010 para las escuelas de gestión estatal con alcance a maestros y familias. Del total del grupo denominado como sector bajo, un 25,6% de los jóvenes han respondido haber accedido a la *notebook*.

Gráfico 2. ¿Tenés la notebook de Conectar Igualdad? Cohorte 2011, según respuesta al primer año de egreso

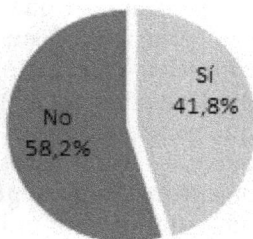

Fuente: datos del proyecto *La inserción ocupacional de los egresados de la escuela media: 10 años después*, con sede en FLACSO Argentina. Elaboración propia.

En relación con el acceso de los jóvenes de las escuelas categorizadas como sector medio se observa que, aunque reducidamente, este sector también percibe parte de las asignaciones estatales en torno a la promoción de la continuidad educativa, y representa un 12,5% de la muestra. El acceso a la tecnología y TICS ha sido de los hechos más representativos del último tiempo, dado que permite acortar la brecha digital en relación con la redistribución de saberes y conocimiento a los que acceden y recrean los jóvenes por medio de la tecnología. A su vez, representa una de las problemáticas más urgentes en conexión con la actualización de recursos inmediatamente relacionados al mundo laboral y productivo que actualmente demandan este tipo de saber.

Cuadro 3. ¿Tenés la notebook de Conectar Igualdad? Cohorte 2011, según respuesta al primer año de egreso por sector social de la escuela

	Sector Social			
	Bajo	**Medio**	**Alto**	
Sí	25,6%	12,5%	3,7%	**41,8%**
No	25,6%	21,9%	10,7%	**58,2%**
Total	51,2%	34,5%	14,4%	**100,0%**

Fuente: datos del proyecto La inserción ocupacional de los egresados de la escuela media: 10 años después, con sede en FLACSO Argentina. Elaboración propia.

La masificación del acceso a la tecnología logra que los jóvenes incluidos en el sistema educativo puedan trascender su realidad cotidiana gracias a la escuela, que los constituye como actores con posibilidades de trascender las condiciones de su entorno. En palabras de Tenti Fanfani, la escuela resulta un recurso fundamental en la estrategia de acceso al saber y la cultura moderna; los y las jóvenes de sectores menos favorecidos encuentran en la escuela el espacio en donde se apropian del saber básico que les permite sostener el proceso de producción permanente del conocimiento (Tenti Fanfani, 1993). En este sentido, la inclusión digital permite reducir las desigualdades de origen que marcan las trayectorias de los jóvenes democratizando el acceso a este tipo de conocimiento a través de la política estatal.

Comentarios finales

La posibilidad de cuestionar las condiciones de acceso y apropiación de bienes materiales y simbólicos por parte de los distintos sectores sociales pone de manifiesto un amplio espectro de ámbitos de intervención y de acción del Estado. La composición de la agenda estatal, no ajena a la puja por la distribución de los bienes valorados socialmente ni al entramado ideológico político que la sostiene, condiciona las posibilidades de los jóvenes y por lo tanto sus proyectos de vida.

Desde una perspectiva sociohistórica, se indagó la relación propuesta, contemplando las distintas formas en las que el Estado se posiciona respecto de la juventud en cuanto a la consolidación o la dispersión de un marco de actividades socialmente disponibles relacionadas con el ámbito educativo. El análisis de la agenda estatal, en términos de las diversas políticas, programas y legislación vigente, pone en evidencia el contexto macrosocial que incide en las trayectorias que recorre la juventud en relación con las oportunidades temporalmente disponibles para esta etapa de la vida (Casal, Merino y García, 2008) en los distintos momentos históricos.

Los cambios sucedidos en el último período en cuanto al redireccionamiento de los objetivos de las políticas y programas sociales convocan a contextos más democráticos en términos de posibilidades de continuidad educativa en relación con el origen social de los y las jóvenes de la muestra analizada en el proyecto *La inserción ocupacional de los egresados de la escuela media: 10 años después*. Los datos procesados indican diferencias entre cohortes que egresaron en distintos contextos signados por roles estatales diferenciados. Esta conclusión permite poner en discusión las oportunidades reales que les ofrece el contexto a los y las jóvenes actuales más allá de su capacidad de agencia. A través de los datos obtenidos se analizó la incidencia de la política estatal en la promoción de actividades preferentes en donde la continuidad educativa ingresa en el marco de oportunidades de jóvenes que históricamente fueron relegados.

La existencia de políticas y programas estatales, así como del posicionamiento del Estado como garante del acceso a la educación, propone un nuevo esquema de posibilidades con desafíos para la consolidación de la democratización del saber y el conocimiento para una sociedad más justa e integrada. En este sentido, la participación en los ámbitos valorados socialmente promueve la integración de vastos grupos de jóvenes, con consecuencias positivas para el reconocimiento de éstos como sujetos de derecho por parte de la sociedad, sobre la base de la redistribución de los bienes educativos y culturales. Este proceso a su vez los posiciona como sujetos de la política pública, sucesos que permiten repensar la relación dinámica entre Estado y juventud.

A su vez, este nuevo posicionamiento de los modelos societales con menor polarización social permite una alternativa a la precariedad e inestabilidad que han signado las generaciones de jóvenes, si bien aún siguen siendo grandes los desafíos que propone este comienzo de siglo para la región. El análisis propuesto es sólo un esbozo para la articulación de estos fenómenos que atraviesan a la juventud y a la sociedad en su conjunto. Se espera poder profundizar en un futuro cada uno de los aspectos presentados a la luz de los datos de la muestra mencionada.

Bibliografía citada

Balardini, S.; Bendit, R.; Caputo, L.; Fernández, G.; Franco, B.; Krauskopf, D. y Urresti, M. (2000). *La participación social y política de los jóvenes en el horizonte del nuevo siglo*, Buenos Aires: EUDEBA.

Beccaria, L. (2007). "IX. El mercado de trabajo luego de la crisis. Avances y desafíos", en *Crisis, recuperación y nuevos dilemas*, 357.

Bourdieu, P. y Passeron, J. C. (2009). *Los herederos: los estudiantes y la cultura*, Buenos Aires: Siglo Veintiuno Editores.

Braslavsky, C. (1986). *La transición democrática en la educación*, Buenos Aires: Centro de Estudios de Cultura y Sociedad.

Carli, S. (2012). *El estudiante universitario: hacia una historia del presente de la educación pública*, Buenos Aires: Siglo Veintiuno Editores.

Casal, J.; García, M.; Merino, R. y Quesada, M. (2006). "Aportaciones teóricas y metodológicas a la sociología de la juventud desde la perspectiva de la transición", en *Papers. Revista de Sociología*, 79, pp. 21-48.

Castel, R. (1997). *Las metamorfosis de la cuestión social: una crónica del salariado*, Buenos Aires: Paidós.

CEPAL (2011). *Panorama Social de América Latina*, capítulo 1, Santiago de Chile.

De Ibarrola, M. (2006). "Educación y trabajo", en *Red Revista Mexicana de Investigación Educativa*, 10(25), pp. 303-313.

Delgado, D. G. (2006). "Hacia un nuevo modelo de desarrollo. Transformación y reproducción en el posneoliberalismo", en *Documentos y Aportes*, 1(7), pp. 119-152.

Delgado, D. G. (2014). "La provisión de bienes y servicios públicos en los gobiernos progresistas del Cono Sur. La década ganada (2002-2013)", en *Revista Estado y Políticas Públicas*, 2, pp. 20-46.

Dussel, I.; Brito, A. y Núñez, P. (2007). *Más allá de la crisis: visión de alumnos y profesores de la escuela secundaria argentina*, Buenos Aires: Fundación Santillana.

Esping-Andersen, G. (1993). *Los tres mundos del Estado del bienestar*, Valencia: Alfons el Magnànim.

Ezcurra, A. M. (2011). "Abandono estudiantil en educación superior. Hipótesis y conceptos", en Gluz, N. (ed.). *Admisión a la universidad y selectividad social. Cuando la democratización es más que un problema de "ingresos"*, Los Polvorines: UNGS, pp. 23-62.

Filmus, D. (1996). *Estado, sociedad y educación en la Argentina de fin de siglo: proceso y desafíos*, Buenos Aires: Troquel.

Filmus, D. y Kaplan, C. V. (2012). *Educar para una sociedad más justa*, Buenos Aires: Santillana Ediciones.

Filmus, D. y Miranda, A. (1999). "América Latina y Argentina en los 90: más educación, menos trabajo=más desigualdad", en Filmus, D. (comp.). *Los noventa. Política, sociedad y cultura en América Latina y Argentina de fin de siglo*, Buenos Aires: EUDEBA.

Filmus, D.; Kaplan, K.; Miranda, A. y Moragues, M. (2001). *Cada vez más necesaria, cada vez más insuficiente. Escuela media y mercado de trabajo en épocas de globalización*, Buenos Aires: Santillana.

Gallart, M. A. y Jacinto, C. (1995). "Competencias laborales: tema clave en la articulación educación-trabajo", en *Boletín de la Red Latinoamericana de Educación y Trabajo*, 6(2), pp. 13-18.

García de Fanelli, A. y Jacinto, C. (2010). "Equidad y educación superior en América Latina: el papel de las carreras terciarias y universitarias", en *Revista Iberoamericana de Educación Superior*, 1(1).

Gasparini, L. y Cruces, G. (2010). "Las asignaciones universales por hijo. Impacto, discusión y alternativas", en *CEDLAS*, La Plata: Universidad Nacional de La Plata.

Groisman, F. (2013). "Gran Buenos Aires: polarización de ingresos, clase media e informalidad laboral, 1974-2010", en *Revista de la CEPAL*, 109, pp. 85-105.

Kessler, G. (2014). "De proveedores, amigos, vecinos y barderos. Acerca del trabajo, delito y sociabilidad en jóvenes del Gran Buenos Aires", en *Desacatos. Revista de Antropología Social* (14).

Kosacoff, B.; Anlló, G. y Ramos, A. (2007). "Crisis, recuperación y nuevos dilemas. La economía argentina 2002-2007", en Kosacoff, B. (comp.). *Crisis, recuperación y nuevos dilemas. La economía argentina 2002-2007*, Buenos Aires: CEPAL, pp. 7-25.

Mancebo, M. (1998). "La sociedad argentina de los 90: crisis de socialización", en Filmus, D. (comp.). *Los noventa.*

Política, sociedad y cultura en América Latina y Argentina de fin de siglo, Buenos Aires: EUDEBA, pp. 177-200.

Maurizio, R. (2010). *Inestabilidad en el mercado de trabajo*, La Plata: Editorial de la Universidad Nacional de La Plata (EDULP).

Mazzola, R. (2014). "Progresar Juventudes, bienes públicos y justicia distributiva", en *Revista Estado y Políticas Públicas*, 2, pp. 91-113.

Miranda, A.; Corica, A; Arancibia, M. y Merbilhaá, J. (2014). "Educación + trabajo = menor desigualdad: la inserción educativa y laboral de los egresados 2011", en Busso, M. y Pérez P. (comps.) *Tiempos contingentes*, Buenos Aires: Miño y Dávila.

Miranda, A. (2007). *La nueva condición joven: educación, desigualdad y empleo*, Buenos Aires: Fundación Octubre de Trabajadores de Edificios.

Órnelas, C. (1994). "Educación y sociedad: ¿consenso o conflicto?", en Torres, C. A. y González Rivera, G. (coords.). *Sociología de la educación. Corrientes contemporáneas*. Buenos Aires: Miño y Dávila.

Oszlak, O. y O'Donnell, G. (1995). "Estado y políticas estatales en América Latina: hacia una estrategia de investigación", en *Redes*, 2(4), pp. 99-128.

Salvia, A. y Miranda, A. (1999). "Norte de nada. Los jóvenes y la exclusión en la década de los 90", en *Realidad Económica*, 165, pp. 110-123.

Svampa, M. (2005). *La sociedad excluyente: la Argentina bajo el signo del neoliberalismo*, Buenos Aires: Taurus.

Tedesco, J. C. (2012). *Educación y justicia social en América Latina*, Buenos Aires: Fondo de Cultura Económica.

Tenti Fanfani, E. (1993). *La escuela vacía. Deberes del Estado y responsabilidades de la sociedad*, Buenos Aires: UNICEF-Losada.

Tenti Fanfani, E. (1996). "Cuestiones de exclusión social y política", en Minujín, A. (coord.). *Desigualdad y exclusión: desafíos para la política social en la Argentina de fin de siglo*, Buenos Aires: UNICEF-Losada, pp. 241-274.

Tiramonti, G. (ed.) (2004). *La trama de la desigualdad educativa: mutaciones recientes en la escuela media*, Buenos Aires: Ediciones Manantial.

Vilas, C. (1997). "De ambulancias, bomberos y policías: la política social del neoliberalismo", en *Revista Desarrollo Económico* 36(144), pp. 931-952.

Juventud y futuro

Las expectativas educativas y laborales de los estudiantes de la escuela secundaria

AGUSTINA CORICA

Acerca de la autora

Agustina Corica es doctora en Ciencias Sociales (UBA), magister en Diseño y Gestión en Políticas y Programas Sociales (FLACSO, sede Argentina) y licenciada en Sociología (UBA). Actualmente se desempeña como investigadora principal del Programa de Investigaciones de Juventud de la FLACSO Argentina y es becaria postdoctoral del CONICET, período 2014-2016. Sus temas de investigación abordan las temáticas de educación y empleo, juventud, expectativas y relaciones intergeneracionales. Asimismo, ha participado en diversos estudios de seguimiento y evaluación de políticas sociales, así como de políticas de educación y de juventud.

Introducción

La vivencia de la juventud sitúa al futuro en un lugar central. La juventud se impone como una etapa en que se define el futuro, en que los sueños de la infancia se vuelven proyectos presentes. Entre presente y futuro, entre sueños y decisiones, entre lo ideal y lo posible, los jóvenes se van haciendo adultos y ocupando un lugar en la sociedad, configurando su transición y trazando una trayectoria.

Pero el futuro ya no tiene una continuidad lineal con el presente como tenía en generaciones anteriores, sino que puede tener infinitos recorridos y discontinuidades. Del mundo del Estado de Bienestar y del trabajo fordista, con más estabilidad y certezas, se pasó a otro caracterizado por vínculos lábiles, trabajos precarios y/o transitorios (Bauman, 2003). En el actual contexto, el futuro ya no se presenta con certeza, no se puede programar, sino que, por el contrario, es impredecible y volátil. Justamente la incertidumbre del futuro permite pensar en que haya posibilidades diferentes de las actuales, aunque se conozcan las restricciones y límites. Las cosas pueden cambiar, lo que "es así", el azaroso tiempo por venir podría modificarlo (Saintout, 2006). Es por eso que en este contexto puede haber una esperanza de que aunque para algunos jóvenes el presente está dado y el futuro no es más que la proyección del presente, el futuro pueda ser cambiado.

En este marco de acción, y con los cambios que se fueron sucediendo a nivel social, cultural y político, adquiere relevancia analizar las expectativas que tienen los jóvenes. La investigación que se llevó a cabo, y los debates planteados en los capítulos anteriores, hacen evidente la complejidad con la que se construyen las trayectorias de vida de los jóvenes en nuestros días, cuando las jerarquías, las desigualdades y las relaciones sociales son más móviles y flexibles, y los fenómenos de individuación implican que los riesgos sociales se interioricen en la vida personal y cotidiana de las personas. Asimismo, nos ponen frente a la necesidad de introducir nuevos aspectos en el análisis de la desigualdad educativa y laboral de los jóvenes. Estos aspectos están relacionados con las dinámicas que adquieren las nuevas y viejas desigualdades en distintos grupos sociales, en contextos socioeconómicos diferentes, en espacios geográficos diversos, con la expansión de "nuevas ocupaciones juveniles" y con el marco regulatorio de las prácticas laborales, entre otros. Pero también nos presentan escenarios diferentes las dos cohortes de estudiantes que nos llevan a reflexionar sobre el actual debate en cuanto a la desigualdad que plantea Dubet -y por el cual se pueden pensar las políticas de los distintos gobiernos-: "igualdad de posiciones" versus "igualdad de oportunidades".

En este sentido, en este capítulo se presenta un análisis cuantitativo de las expectativas futuras acerca de qué van a hacerlos estudiantes cuando terminen la secundaria. Para ello se procesaron los datos relevados a través de las encuestas aplicadas en el último año de egreso de ambas cohortes en estudio: cohorte 1999 y cohorte 2011. A lo largo del texto se presenta un análisis que compara las perspectivas futuras de los jóvenes de distintas cohortes de estudiantes de la escuela media, y se profundiza en las expectativas educativas y laborales: se describe dónde piensan estudiar y qué trabajos piensan que pueden conseguir cuando terminen el secundario. Por último, se realizan comentarios finales y se llega a algunas conclusiones sobre el futuro y las expectativas de los jóvenes estudiantes.

Jóvenes y futuro

La pregunta acerca del futuro nos permitirá acercarnos a la mirada que tienen los estudiantes sobre sus condiciones y sus expectativas. A través de éstas últimas se pueden relevar las condiciones que visualizan como posibles y las oportunidades que consideran efectivamente realizables. Como decía Koselleck, "en la vida de los jóvenes se ponen en juego experiencias y expectativas en que definirán el futuro. Ambas se entrecruzan internamente, no hay expectativas sin experiencias, no hay experiencias sin expectativas" (Koselleck, 1993). Por lo tanto, el horizonte de expectativas va a estar delimitado por los "espacios de experiencia" (Koselleck, 1996). Es decir que las condiciones de posibilidad de que esas expectativas sean reales van a estar vinculadas con lo que cada sujeto conoce, y las expectativas van a estar elaboradas teniendo en cuenta los acontecimientos y experiencias vividas por cada uno y que, por lo tanto, también provienen de su entorno familiar y social (Corica, 2013). De las lecturas que hagan de esos acontecimientos y experiencias se proyectarán al futuro.

El análisis de las expectativas y las condiciones en las que los jóvenes estudiantes se proyectan a futuro se da en el marco de estudios cercanos al campo de la sociología que han ido replanteando la necesidad de vincular la "condición juvenil" con un nuevo contexto y con la "situación social" de los jóvenes. De allí se conjugan procesos que relacionan la etapa de juventud con nuevos estándares de organización del ciclo de vida: 1) el alargamiento o prolongación de la juventud, como una fase de vida producto de una mayor permanencia en el sistema educativo; 2) el retraso en la conformación de una familia propia, y 3) mayor dependencia respecto de sus hogares de origen y menor autonomía o emancipación residencial (Dávila León y Ghiardo Soto, 2005). Antes la organización del ciclo de vida estaba estandarizada en el modelo de postguerra: 1) formación, 2) actividad y 3) jubilación. En los últimos años, este modelo se ha modificado y/o ha perdido preponderancia fruto de las transformaciones de las estructuras sociales y del conjunto del ciclo de vida (Dávila León y Ghiardo Soto, 2008; Wyn, 2008; Filmus *et al.*, 2004; Biggart, Furlong y Cartmel, 2008). Por eso, en el contexto actual, en el que el tiempo se vuelve volátil y líquido, la visión de futuro se modifica, de manera que el futuro se vuelve muchas veces presente sin muchas posibilidades de proyectar y/o planificar a largo plazo.

Ahora bien, el tiempo presente no está determinado solamente por las experiencias acumuladas del pasado del sujeto, sino que también forman parte de aquél las aspiraciones y los planes futuros: el presente aparece condicionado por los proyectos o la anticipación del futuro (Machado Pais, 2000; Casal, 2002). A esto se suma la ausencia de proyectos colectivos y la escasa perspectiva de ascenso o movilidad social, como se conoció en épocas pasadas. Así, comienzan a imperar lógicas cada vez más privatizadoras de la vivencia social, que llevan a los propios sujetos a establecer mundos más privados que públicos, y con crecientes niveles de fragmentación social, producto de la lucha por acceder a una mejor posición en la estructura social que permita beneficiarse de los bienes y servicios que la sociedad debiera proveer para el conjunto de sus habitantes. Sin duda los jóvenes no escapan a esta realidad, y son ellos los que viven estas incertidumbres y riesgos de quedarse afuera. En el mundo juvenil se han modificado las lógicas de acción. Esto trajo aparejado que la actual generación joven se imagine trayectorias de vida donde se enfatizan el logro personal por sobre estrategias y acciones de tipo colectivo (Sandoval, 2002; Bajoit, 2003). Actualmente, las percepciones, expectativas y estrategias de construcción de proyectos están enmarcadas en esta lógica más individual que social.

Por eso, como dice Bajoit, la mirada temporal referida al futuro implica aquello que se espera como posible o aquello que puede ser proyectable sin que necesariamente se tenga certeza de alcanzarlo totalmente (Bajoit, 2000). Pero estas proyecciones no se dan en el vacío, los estudiantes no están aislados del contexto en el cual desarrollan sus expectativas. Los condicionantes sociales influyen en la mirada del futuro. Los jóvenes presentan un aspecto subjetivo de la selección del camino a recorrer que tendrá mayores o menores posibilidades de ser llevada a cabo en función de las restricciones que les imponga el contexto objetivo en el cual viven. Por lo tanto, el análisis de las expectativas de jóvenes estudiantes del último año de la escuela secundaria en distintos contextos sociales y económicos es relevante en cuanto aporta al análisis de cómo o cuánto el entorno puede llegar a influir en el posicionamiento social.

Las expectativas futuras en dos cohortes de estudiantes

En este apartado se analizan cuáles son las expectativas que tienen los jóvenes estudiantes de la escuela secundaria que formaron parte de la investigación; el análisis se realiza de forma comparativa entre ambas cohortes. En los últimos años, tal como se desprende de otras investigaciones realizadas (Filmus *et al.*, 2004; Miranda, Otero y Corica, 2007), se ha generalizado la tendencia a estudiar y trabajar al mismo tiempo. Esta tendencia se da en todos los sectores sociales, aunque es mayor entre los jóvenes de sectores medios. Sin embargo, es distinta en las dos cohortes en estudio. En la cohorte de 1999, la tendencia en las expectativas futuras era estudiar y trabajar; en cambio, en la cohorte 2011, la tendencia general es que los jóvenes decidan priorizar el estudio por sobre el trabajo, es decir, dedicarse a estudiar como actividad principal.

Cuadro 1. Distribución porcentual de las respuestas de los estudiantes acerca de qué piensan hacer cuando terminen el secundario, según sector social de la escuela de dos cohortes distintas: 1999-2011

EXPECTATIVA de ACTIVIDAD en el PRÓXIMO AÑO	COHORTE 1999			COHORTE 2011		
	Bajo	Medio	Alto	Bajo	Medio	Alto
Trabajar solamente	9,5%	6,0%	0,8%	15,1%	6,4%	0,0%
Trabajar y estudiar	76,1%	76,3%	56,3%	65,6%	43,1%	49,1%
Estudiar solamente	12,3%	16,4%	42,0%	10,6%	43,6%	46,5%
No lo tengo decidido	0,8%	1,3%	0,8%	8,7%	6,9%	3,5%
Otro	1,2%	0,0%	0,0%	0,0%	0,0%	0,9%
Total	100,0%	100,0%	100,0%	100,0%	100,0%	100,0%

Fuente: datos del proyecto *La inserción ocupacional de los egresados de la escuela media: 10 años después*, FLACSO, Argentina. Elaboración propia.

Si consideramos el sector social de la escuela, vemos que la diferencia entre una cohorte y otra son las expectativas futuras de los estudiantes de los sectores medios. En la cohorte 1999, los jóvenes de este sector pensaban en su mayoría estudiar y trabajar. En cambio, en la cohorte 2011, el porcentaje de los que pensaban combinar el estudio con el trabajo se redujo, siendo mayor en los que piensan estudiar solamente. A su vez, de los datos se destaca que entre los estudiantes de la cohorte 2011 es mayor el porcentaje de los que aún no tienen decidido qué van a hacer cuando terminen la secundaria. El porcentaje de incertidumbre sobre el futuro se da mayoritariamente entre los jóvenes de los sectores bajos y medios de la cohorte 2011. Esto puede dar cuenta de que, por un lado, los estudiantes tengan mayor incertidumbre sobre el futuro y/o que las decisiones de los jóvenes se alargan con el tiempo (Miranda y Corica, 2014)

En cualquier caso, y más allá de las especificidades propias de cada grupo social, habría un cambio de tendencia: ya no está tan presente, como se registraba en investigaciones anteriores, combinar el estudio con el trabajo, sino que en una primera etapa, cuando egresan del secundario, los jóvenes optan por dedicarse en forma exclusiva a seguir estudios superiores. Pero también están los que planean seguir sus estudios superiores y simultáneamente trabajar, aunque otros piensan tomarse unos meses para rendir las materias que les quedaron del secundario y otros se toman un tiempo para pensar qué quieren estudiar. Es decir que el primer año luego del egreso, hay un tiempo de reflexión sobre las decisiones y/o elecciones que tomarán. Esto, de alguna manera, evidencia una ruptura de la linealidad que tradicionalmente caracterizaba la relación educación y trabajo: primero estudiar y después trabajar.

Hoy en día, la transición no es lineal sino superpuesta: el pasaje del estudio al trabajo ya no está delimitado por períodos establecidos en correspondencias con distintas etapas del ciclo de vida. Las transformaciones económicas y sociales y los cambios en el mercado de trabajo llevaron a que las esferas de la vida se reestructuren, y a que se transforme el vínculo entre lo educativo y lo laboral (Miranda y Otero, 2007; Miranda, 2007; Macri, 2010), alternando tiempos de combinación de ambas actividades con tiempos de exclusividad de alguna de ellas o con "tiempos liberados" (Casal *et al.*, 2005).

A su vez, los datos parecen indicar que en situaciones de cierta estabilidad económica, en particular entre los jóvenes de sectores altos y medios, y en menor medida entre los de sectores sociales bajos, las expectativas y proyectos de vida futuros se articulan más o menos prolongadamente a través de una vinculación prioritaria con la educación, a la que dedican más horas que al trabajo. Se trata entonces aquí, al igual que en los países centrales, de un grupo de jóvenes que realizan la transición escuela-trabajo de una manera más o menos "biografizada", es decir, incidiendo ellos mismos en la búsqueda de realización de dichas expectativas. Esto se da, repetimos, en mucho menor medida entre los jóvenes de menores ingresos económicos.

Expectativas educativas y laborales futuras en dos contextos socioeconómicos distintos

En cuanto a la perspectiva futura sobre la educación y el trabajo, investigaciones que han indagado las relaciones entre las subjetividades de los jóvenes y el mercado de trabajo (Filmus *et al.*, 2001; Jacinto, C. *et al.*, 2005) muestran que los jóvenes tienen percepciones bastante ajustadas de lo que sucede en el mercado de trabajo. Filmus enfatizaba una paradoja. En general, los jóvenes perciben que egresan con una baja formación para las demandas del mercado de trabajo, pero a la vez sienten que la escuela es el lugar donde han aprendido lo poco que saben. Sin embargo, hay diferencias entre los sectores sociales; los jóvenes advierten que muchos de los saberes demandados provienen del capital social acumulado por las familias (Jacinto, 2006), y por lo tanto, esto hace que las perspectivas a futuro estén ancladas en las posibilidades que otorga el entorno familiar-social, lo cual reproduce la desigualdad de origen.

Los estudios mencionados señalan cómo las trayectorias de los estudiantes y sus carreras escolares se diversifican en el propio funcionamiento escolar, y que el origen social es el factor con mayor peso en el tipo de trayectoria que realizan. De modo complementario, la institución escolar mediatiza las condiciones materiales de vida junto con el capital cultural de entrada, y permite la producción de circuitos y trayectorias diversificados (Filmus, 2000; Jacinto, 2006; Miranda, 2007). Más allá de esa cotidianeidad, la desigualdad social opera porque existen circuitos educacionales con terminales formalmente iguales pero distintos en lo real. La selección meritocrática que efectivamente opera dentro de un mismo circuito educativo no alcanza a controlar los efectos de la selección social que genera la desigualdad entre circuitos.

En investigaciones anteriores se señalaba que transitar por el sistema educativo ya no representa la garantía de movilidad social ascendente y tampoco garantiza una mejor inserción laboral (Filmus *et al.*, 2001). Ahora bien, según las respuestas de los estudiantes de la investigación, la educación sigue siendo el medio necesario para acceder a un trabajo. Los sectores altos y medios valoran la educación para continuar estudios superiores y alcanzar puestos de trabajo profesionales, como surge de los datos de la investigación. Los sectores bajos, por otra parte, pareciera ser que no sólo valoran la educación sobre todo en relación con el trabajo, como lo hacían tradicionalmente, sino que adquiere entre ellos una valoración positiva en cuanto a mejorar las condiciones de vida y lograr obtener trabajos más calificados. Un contexto socioeconómico con mayores posibilidades, como es el de la cohorte 2011, hace que la valoración de la educación no quede sólo en el imaginario de estos grupos sociales, sino que aumentan las chances de poder concretar sus expectativas.

Por lo tanto, las expectativas de los jóvenes no sólo tienen que pensarse en el marco de nuevas y viejas desigualdades (Dussel y Southwell, 2004), es decir, "viejas" desigualdades de clase del capitalismo industrial y "nuevas" desigualdades más móviles, flexibles y dinámicas (Fitoussi y Rosanvallon, 1997); sino que, como en el debate actual, deben pensarse las desigualdades entre los distintos grupos sociales de "(des)igualdad de posiciones" o "(des)igualdad de oportunidades" (Dubet, 2011). La primera hace referencia a que los grupos sociales ocupen lugares en la estructura social según una sociedad donde los servicios básicos, como por ejemplo la educación, tengan una distribución que tienda a la igualdad (igualdad de derechos, que se asemeja a la obligatoriedad de la escuela secundaria definida en la Ley de Educación Nacional N° 26.206, sancionada en 2006). La segunda, la "igualdad de oportunidades", consiste en que todos y todas puedan competir en igualdad de condiciones por los lugares más deseables de la estructura social. Esta visión está asociada a la idea de lo meritocrático (Kessler, G., 2014).

Estudios futuros: dónde estudiar

Continuando con el análisis sobre las expectativas futuras de estudiantes de la escuela secundaria, en este apartado se presentan las elecciones de los estudiantes del lugar donde piensan estudiar a partir de un análisis comparativo entre las cohortes 1999 y 2011. En este sentido, la mayoría de los estudiantes quieren seguir estudiando, pero cuando se indaga en dónde piensan estudiar, las respuestas son distintas según la cohorte y el sector social. Cuando comparamos los valores del año 1999 con los de 2011, observamos que el porcentaje de jóvenes que se proponen continuar sus estudios en la universidad disminuye y aumenta el porcentaje de los que quieren estudiar en institutos terciarios. A su vez, aumenta el porcentaje de los jóvenes que no han decidido en dónde van a estudiar el año siguiente. Es decir que la institución donde estudiar se vuelve un espacio de reflexión y/o de duda.

Cuadro 2. Dónde piensan seguir estudiando, por grupo de jóvenes según sector social

LUGAR ESTUDIO FUTURO	COHORTE 1999			COHORTE 2011		
	Bajo	Medio	Alto	Bajo	Medio	Alto
Universitario	64,4%	86,2%	89,2%	49,1%	75,5%	89,9%
Terciario	19,6%	6,6%	1,8%	23,4%	4,8%	1,8%
Cursos	8,0%	2,0%	1,8%	5,7%	4,8%	0,0%
No lo decidí	6,7%	3,3%	1,8%	18,3%	13,8%	7,3%
Otros	0,6%	2,0%	5,4%	3,4%	1,1%	0,9%
SD	0,6%	0,0%	0,0%	0,0%	0,0%	0,0%
Total	100,0%	100,0%	100,0%	100,0%	100,0%	100,0%

Fuente: datos del proyecto *La inserción ocupacional de los egresados de la escuela media: 10 años después*, FLACSO, Argentina. Elaboración propia.

Según los datos relevados, el lugar dónde estudiar es diferente según las respuestas que dieron los estudiantes de los distintos sectores sociales. En los sectores bajos, es mayor el porcentaje de estudiantes de la cohorte 2011 que deciden estudiar en institutos terciarios y cursos, más que carreras universitarias, a diferencia de la cohorte 1999. Pero también hay mayor incertidumbre con respecto a dónde continuar estudiando (en la categoría "no lo decidí" se registra un 6,7% en la cohorte 1999 y un 18,3% en la cohorte 2011). En cuanto a los sectores medios, en ambas cohortes predomina la decisión de continuar carreras universitarias, pero se registra mayor incertidumbre sobre continuar estudiando en la cohorte 2011 (en la categoría "no lo decidí" se registra un 3,3% en la cohorte 1999 y un 13,8% en la cohorte 2011). En cuanto a los estudiantes de los sectores altos, en ambas cohortes se mantiene la decisión de estudiar carreras universitarias; lo que cambia en la cohorte 2011 es la preferencia por estudiar en universidades privadas más que en universidades públicas (ver cuadro 2).

A partir de los datos analizados, entonces, se concluye que las expectativas educativas de los jóvenes estudiantes del secundario son diferentes. Los jóvenes piensan sus trayectorias educativas futuras de forma distinta según el contexto, el sector social y sus intereses. Entre los estudiantes de la cohorte 2011 la continuidad educativa es preponderante entre todos los grupos sociales. Pareciera ser que el contexto socioeconómico y las políticas educativas implementadas favorecieron las condiciones para pensar trayectorias educativas a largo plazo (más jóvenes piensan seguir carreras universitarias que tienen un plan de estudio de más años de duración que las carreras terciarias y/o las tecnicaturas). En cambio, en la cohorte 1999, esas posibilidades son más dudosas, e inclusive optaban por realizar estudios de corto tiempo por la incertidumbre que vislumbraban a largo plazo (más jóvenes pensaban realizar cursos o carreras terciarias). Esto daría cuenta de que la recuperación económica y las políticas educativas implementadas en los últimos años reviven la posibilidad de que el ascenso social a través de la educación es posible, lo cual mejora y reduce las brechas de las desigualdades geográficas.[1]

Trabajos futuros: de qué trabajar

En los últimos años, se ha ido modificando la estructura ocupacional al ritmo de los cambios en el mercado de traba-

---

1. En los últimos años se han implementado políticas educativas de inclusión y se han creado universidades en el Conurbano Bonaerense en zonas donde viven los jóvenes que participaron del estudio. Según la matrícula registrada, han accedido ampliamente a estos espacios educativos que ofrecen carreras universitarias.

jo. La creciente expansión de las nuevas ocupaciones juveniles en detrimento del empleo industrial y la masificación del acceso al sistema educativo han ido configurando una nueva subjetividad juvenil. Los empleos disponibles para los jóvenes están ligados al comercio y los servicios, en muchos casos signados por vínculos muy inestables, y justamente las relaciones sociales resultan fundamentales para la obtención de estos trabajos. Cabe destacar que estas ocupaciones están muy extendidas en grandes ciudades y áreas turísticas, pero tienen poca injerencia en otras localidades geográficas menos integradas a la lógica del nuevo capitalismo global.

En este sentido, se corrobora que el trabajo futuro que visualizan los estudiantes de ambas cohortes son trabajos considerados como "nuevos yacimientos de empleo para los jóvenes"[2] (Miranda López, 2006), y que se corresponde con las tendencias económicas de la región, en donde el sector de los servicios es la rama que más empleo juvenil ha generado en los últimos tiempos. Entre ellos, se destacan: trabajos de comercialización de bienes y servicios (cohorte 1999, 2,8% y cohorte 2011, 19,5%), gestión administrativa y contable (cohorte 1999, 6,9% y cohorte 2011, 3,6%) y producción y reparación industrial (cohorte 1999, 5,8% y cohorte 2011, 16,3%) (ver cuadro 3).

Ahora bien, según las expectativas sobre los trabajos futuros, los jóvenes visualizan distintas trayectorias laborales, algunos más profesionalizados que otros, para quienes la incertidumbre es mayor. En este sentido, según los datos relevados, surge que entre los estudiantes de los sectores altos, mayormente se ven trabajando en ocupaciones profesionales o trabajos vinculados con estudios superiores. Los jóvenes de sectores medios y bajos, por otro lado, se

---

2. Los Nuevos Yacimientos de Empleo (NYE) aluden a aquellos espacios emergentes de producción y servicios que generan oportunidades de empleo dentro, fuera y en los márgenes de los circuitos económicos convencionales. Lo interesante de este proceso de generación de empleo juvenil es que no sólo se instala en los procesos de innovación productiva y económica, sino también en la relación entre la oferta y la demanda de trabajo.

ven a sí mismos trabajando en ocupaciones de formación humanística, como la docencia. También, entre los jóvenes de los sectores medios han manifestado que podrían trabajar en ocupaciones profesionales, históricamente asociadas a un sector de la sociedad argentina que se caracterizaba por una movilidad social ascendente a través del estudio. Entre los jóvenes de sectores bajos, en cambio, los trabajos mencionados requieren menos calificación. Los estudiantes de los sectores bajos se vinculan con trabajos de oficios técnicos o empleos no calificados, entre los que se destacan ocupaciones tales como la de repartidor o repositor en supermercados, trabajos vinculados con la rama de la construcción o trabajos de servicio doméstico. Es decir que, por las expectativas que se registran entre los estudiantes de la investigación, el título secundario no tiene el mismo peso en el mercado de trabajo según los trabajos futuros que creen que podrán conseguir. La existencia de una estructura ocupacional segmentada es uno de los destacables.

Asimismo, se destaca entre las respuestas dadas por los estudiantes de ambas cohortes la incertidumbre por el trabajo que podrían conseguir cuando terminen la secundaria, la cual disminuye en la cohorte 2011 ("no sabe": 15,4% en la cohorte 1999 y 10% en la cohorte 2011, y trabajaría "de lo que consiga": 27,6% en la cohorte 1999 y 25,9% en la cohorte 2011). Estas respuestas muestran cuánto de la incertidumbre se manifiesta en el futuro laboral de los jóvenes en los distintos contextos. Esta incertidumbre se da en todos los jóvenes, pero con distinta intensidad. En los jóvenes de los sectores medios, en la cohorte 1999 también había incertidumbre sobre los trabajos futuros, mientras que en la cohorte 2011 la incertidumbre en este grupo social es menor que la del grupo de estudiantes de la cohorte 1999 ("no sabe": 15,3% en 1999 vs. 6,6% en 2011, y "de lo que consiga": 31,9% en 1999 vs. 22,4% en 2011). En cuanto a los trabajos futuros, están más vinculados con trabajos que el título secundario habilita a conseguir, es decir, trabajos calificados que requieren una formación básica de nivel medio de enseñanza (ver cuadro 3). En cambio, entre los estudiantes de los sectores altos, la incertidumbre es inexistente, especialmente en la cohorte 2011: piensan conseguir trabajos profesionales y/o vinculados con sus carreras universitarias.

Cuadro 3. Trabajos futuros, por cohorte de estudio según sector social

TRABAJO FUTURO	COHORTE 1999			COHORTE 2011		
	Bajo	Medio	Alto	Bajo	Medio	Alto
De formación superior	12%	11%	34%	20,4%	21,0%	60,5%
De formación técnica de nivel medio	6,9%	17,8%	17,9%	18,2%	46,0%	26,3%
Sin calificación	2,3%	3,1%	0,0%	3,6%	1,3%	0,0%
De lo que consiga	39,8%	31,9%	12,5%	31,4%	22,4%	13,2%
No sabe	21,6%	15,3%	19,6%	14,6%	6,6%	0,0%
Otros*	17,6%	20,8%	16,1%	7,3%	2,6%	0,0%
Total	100,0%	100,0%	100,0%	100,0%	100,0%	100,0%

*Otros: en esta categoría se juntaron las respuestas referidas a "Un trabajo que me permita estudiar" y "Del trabajo que tengo".

Fuente: datos del proyecto *La inserción ocupacional de los egresados de la escuela media: 10 años después*, FLACSO, Argentina. Elaboración propia.

Entonces, por un lado, las expectativas laborales futuras están vinculadas con la proveniencia social del estudiante. En términos generales, los jóvenes de sectores altos y medios piensan en eventuales trabajos que tienen que ver más con una trayectoria de formación a largo plazo, con instancias formativas y educativas previas. Los jóvenes de sectores medios piensan, por lo general, en trabajos futuros que les permitan cursar sus estudios superiores. En cambio, los jóvenes de sectores bajos piensan mayoritariamente en trabajos futuros más temporales, precarios y cíclicos, que no requieren una formación específica en el puesto sino, simplemente, el título secundario "obligatorio" (Jacinto, 2006).

Por otro lado, están vinculadas con el contexto. Frente a un contexto socioeconómico de crecimiento y con mayores posibilidades de empleo, los estudiantes expresan menor incertidumbre y más deseos de estudiar y trabajar y, por lo tanto, la expectativa laboral se incrementa en cuanto a las posibilidades de conseguir trabajos más calificados. Esto da cuenta también de un contexto socioeconómico con mayores posibilidades para los jóvenes en 2011 que en 1999 (ver cuadro 3).

Por último, se puede concluir que las expectativas están basadas en experiencias previas que son la síntesis de la interacción con el mundo cotidiano y funcionan como esquemas de referencia, como hojas de ruta frente al contexto que a los jóvenes les toca vivir. Por eso mismo, la forma de pensar la inserción al mundo laboral y social está estrechamente relacionada con las divisiones sociales que organizan esta visión. El conocimiento de las oportunidades futuras lo van construyendo a partir de los intercambios cotidianos (conocimiento, información, experiencias, etc.), es decir, un conocimiento socialmente elaborado y compartido con su entorno más próximo. Esto es lo que les da a los jóvenes el sentido de los límites (Bourdieu, 1998). De esta manera, puede señalarse que en cuanto a la educación, tanto la extracción social de los alumnos y sus expectativas, como el contexto familiar tienen implicancias diferenciales en el futuro laboral y educativo, y es la combinación de estos elementos lo que determinará las trayectorias futuras.

Comentarios finales

En el contexto actual, la juventud se considera como una fase decisiva del ciclo vital. En esta etapa los jóvenes deben adquirir y desarrollar calificaciones, orientaciones y decisiones que serán importantes durante el resto de su vida. La etapa de la juventud incluye también cierto grado de autonomía de los jóvenes para crear sus propios estilos de vida y lograr la independencia y autonomía. Ahora bien, los procesos actuales de socialización ya no determinarían ni marcarían de forma inalterable las normas y los modelos de vida, es decir que los jóvenes deben construir un mundo adulto por sus propios medios. Las expectativas futuras que visualizan los jóvenes estudiantes dan cuenta de esta diversificación.

Siguiendo a Dubet, a partir del análisis de las expectativas de los jóvenes estudiantes, se puede concluir que en la cohorte 2011 se ha avanzado hacia la "igualdad de posiciones", según la cual se achican las brechas y las distancias entre los grupos sociales, y las expectativas futuras tienden a juntarse. Esto coincide con lo que menciona Kessler en su último libro, donde señala que en los últimos años hubo un incremento de la igualdad de posiciones en comparación con el pasado, sobre todo entre aquellos que pudieron ubicarse en el mercado de trabajo más protegido o ser incluidos y acceder a mayores niveles educativos (Kessler, 2014). En cambio, en la cohorte de estudiantes de 1999, la "igualdad de oportunidades" es un destacable donde el mérito y la "herencia social" pesan más y por lo tanto las brechas y distancias de las expectativas entre los distintos grupos sociales son más amplias.

Ahora bien, como también señala Kessler, perduran desigualdades internas, es decir, la diferenciación en la calidad educativa recibida. Esta desigualdad permanece en la visión de futuro de los jóvenes estudiantes: según la visión de futuro existe una jerarquización de las expectativas diferenciadas, de acuerdo con de dónde provengan y/o de qué escuela hayan egresado. Se igualan en que quieren seguir estudiando, pero se diferencian en qué estudiar y dónde. También, se diferencian en los trabajos futuros que piensan conseguir. Estos trabajos se distinguen fundamentalmente por la calificación ocupacional: los estudiantes de los sectores bajos piensan conseguir trabajos menos calificados, y los estudiantes de los sectores medios y altos piensan que podrán conseguir trabajos más profesionales. Es por eso que, como dice Tilly, también se puede entender la desigualdad no como un conjunto de atributos inconfundibles de las personas, sino como relaciones sociales estandarizadas y movibles (Tilly, 2000).

Entonces, el vínculo entre educación y trabajo se ha ido modificando. Antiguamente, la relación entre la educación y el trabajo era lineal: los jóvenes primero estudiaban y después salían a buscar trabajo con el título en la mano. Hoy cada vez son más los estudiantes que piensan combinar el estudio y el trabajo una vez que terminen sus estudios secundarios, inclusive muchos ya tienen sus primeras experiencias laborales cursando el colegio. Pero esta combinación no es similar en todos los casos, sino que depende, entre otros factores, del sector social del que provengan y de las expectativas de futuro de los jóvenes. Las distintas posibilidades futuras de inserción laboral que imaginan los estudiantes encuestados dejan entrever que las expectativas tienen una dimensión subjetiva según el contexto y las posibilidades. Los trabajos futuros que visualizan los estudiantes muestran que el título secundario tiene un peso diferencial: a igual certificación obtenida, las perspectivas de futuro laboral siguen siendo, de todas formas, desiguales. A su vez, a partir de comparar las expectativas de los estudiantes de distintas cohortes dadas en distintos contextos socioeconómicos, el peso del título de la escuela media puede ser revaluado en contextos favorables.

Otra de las características que surgen de la mirada futura es la incertidumbre. Se ven obligados a tomar decisiones individuales -en materias relacionadas con la educación o el empleo, pero también con el ocio- que pueden ser de gran influencia para su vida futura, sin poder prever con claridad las consecuencias de sus opciones. Los jóvenes deben tomar las decisiones correctas, y debido a la amplitud del abanico de opciones presentes en la sociedad, deben tomar tales decisiones de forma razonada y justificada (Du Bois-Reymond, 1998). Pero al mismo tiempo, "tomar decisiones" conlleva riesgos de equivocarse y quedar en condición de vulnerabilidad. La incertidumbre se ha convertido en un nuevo rasgo en la vida de los jóvenes, no saben qué será de ellos en lo que se refiere a trabajo, vivienda, obligaciones relacionales y demás. La individualización si bien es para todos, no quiere decir que sean todos iguales. La individualización implica que la subjetividad de los jóvenes adquiere mayor importancia, pues deben tomar decisiones generadoras de modelos sociales consistentes, que se adecuen a sus situaciones y experiencias vitales.

Efectivamente, la transición a la vida adulta es un proceso que se construye a partir de tres dimensiones básicas: el campo de decisiones y elecciones del joven, la realidad sociohistórica que determina las alternativas que puede elegir, y los dispositivos institucionales, sociales y económicos que configuran su contexto de emancipación y favorecen o lo vinculan en la toma de decisiones (Furlong y Cartmel, 1997). A través de estos elementos también se puede observar el enclasamiento del joven, es decir, la adquisición de una posición determinada en la estratificación social, que puede resultar de estancamiento o de movilidad -ascendente o descendente- respecto de la posición de origen (Gentile, 2010).

La estructura social, en términos de origen y oportunidades, no ha perdido importancia. La desigualdad social en los recursos y oportunidades persiste también en las miradas hacia el futuro, opciones biográficas más amplias y con mejores oportunidades para algunos o más estrechas e inseguras para otros. Por lo tanto, la capacidad del individuo de gestionar su propia transición a la vida adulta depende fundamentalmente del apoyo recibido por su familia y de las oportunidades o restricciones relativas a la educación y al contexto social. Se trata de capacidades diferenciales de libertad que tienen los distintos grupos sociales para elegir opciones de vida autónoma, como diría Amartya Sen (Kessler, 2014). El resultado es un panorama de situaciones, oportunidades, espacios y ambientes diferentes, que antes estaban organizados de forma secuencial, pero que en la actualidad aparecen superpuestos, intercambiables, progresivos y regresivos al mismo tiempo.

Bibliografía citada

Bajoit, G. (2003). *Todo cambia: análisis sociológico del cambio social y cultural en las sociedades contemporáneas*, Santiago: LOM Ediciones.

Bauman, Z. (2003). *Modernidad líquida*, Buenos Aires: Fondo de Cultura Económica.

Biggart, A.; Furlong, A. y Cartmel, F. (2008). "Biografías de elección y linealidad transicional: nueva conceptualización de las transiciones de la juventud moderna", en Bendit, R.; Hahn, M. y Miranda, A. (comps.). *Los jóvenes y el futuro*, Buenos Aires: Prometeo.

Bourdieu, P. (1998). *La distinción: criterio y bases sociales del gusto*, Madrid: Taurus.

Bourdieu, P. (2006). *Argelia 60: estructuras económicas y estructuras temporales*, Buenos Aires: Siglo Veintiuno editores.

Casal, J. (2000). *Capitalismo informacional, trayectorias sociales de los jóvenes y políticas de juventud. Juventudes y empleos: perspectivas comparadas*, Madrid: INJUVE.

Casal, J.; García, M.; Merino, R. y Quesada, M. (2005). *Aportaciones teóricas y metodológicas a la sociología de la juventud desde la perspectiva de la transición*, Barcelona: GRET-Universidad Autónoma de Barcelona.

Corica, A. (2011). "Las expectativas sobre el futuro educativo y laboral de los jóvenes de la escuela secundaria: entre lo posible y lo deseable", en *Revista Última Década*, 36, pp. 71-95, Valparaíso: CIDPA.

Corica, A. (2013). *Juventud y futuro: educación, trabajo y grupos familiares*, tesis doctoral, Facultad de Ciencias Sociales, Universidad de Buenos Aires (inédita).

Dávila León, O. y Ghiardo Soto, F. (2005). "De los herederos a los desheredados. Juventud, capital escolar y trayectorias de vida", en *Revista Temas Sociológicos*, 11, pp. 34-45, Santiago de Chile.

Dávila León, O. y Ghiardo Soto, F. (2008). *Trayectorias sociales juveniles. Ambivalencias y discursos sobre el trabajo*, Chile: Instituto Nacional de la Juventud (INJUV) y Centro de Estudios Sociales (CIDPA).

De Ibarrola, M. (2004). *Paradojas recientes de la educación frente al trabajo y la inserción social*, Buenos Aires: RedEtis.

Dubet, F. (2011). *Repensar la justicia social. Contra el mito de la igualdad de oportunidades*, Madrid: Siglo Veintiuno Editores.

Du Bois-Reymond, M. (1998). "I don't want to commit myself: young people life concepts", en *Journal of Youth Studies*, 1(1), pp. 63-79.

Dussel, I. y Southwell, M. (2004). "La escuela y la igualdad: renovar la apuesta", en *El Monitor de la Educación*, año III(7), Buenos Aires: Ministerio de Educación, Ciencia y Tecnología de la Nación.

Filmus, D.; Miranda, A. y Otero, A. (2004). "La construcción de trayectorias laborales entre los egresados de la escuela secundaria", en Jacinto, C. (comp.). *¿Educar para qué trabajo?: discutiendo rumbos en América Latina*, Buenos Aires: La Crujía ediciones-redEtis.

Filmus, D.; Kaplan, C.; Miranda A. y Moragues, M. (2001). *Cada vez más necesaria, cada vez más insuficiente: la escuela media en épocas de globalización*, Buenos Aires: Editorial Santillana.

Filmus, D. (2000). *Lo que el mercado de trabajo no da, la escuela media no presta*, Buenos Aires: EUDEBA.

Fitoussi, J. P. y Rosanvallon, P. (1997). *La nueva era de las desigualdades*, Buenos Aires: Manantial.

Furlong, A. y Cartmet, F. (1997). *Young People And Social Change: Individualisation and Late Modernity*, Buckingham: Open University Press.

Jacinto, C. (2004). "Ante la polarización de oportunidades laborales de los jóvenes en América Latina. Un análisis de algunas propuestas recientes en la formación para el trabajo", en Jacinto, C. (coord.). *Educar ¿para qué trabajo?: discutiendo rumbos en América Latina*, Buenos Aires: La Crujía.

Jacinto, C. (2006). *La escuela media: reflexiones sobre la agenda de inclusión con calidad*, Buenos Aires: Fundación Santillana.

Jacinto, C.; Wolf, M.; Bessega, C. y Longo, M. E. (2005). "Jóvenes, precariedad y sentidos del trabajo", en *7° Congreso Nacional de Estudios del Trabajo*, ASET, Buenos Aires.

Kessler, G. (2014). *Controversias sobre la desigualdad: Argentina, 2003-2013*, Buenos Aires: Fondo de Cultura Económica.

Koselleck, R. (1993). *Futuro pasado: para una semántica de los tiempos históricos*, Buenos Aires: Editorial Paidós.

Machado Pais, J. (2004). "Los bailes de la memoria: cuando el futuro es incierto", en *Revista JOVENes*, año 8(20).

Macri, M. (2010). *Estudiar y trabajar: perspectivas y estrategias de los adolescentes*, Buenos Aires: Editorial La Crujía.

Mekler, V. M. (1997). *Las percepciones de jóvenes populares sobre la crisis de la educación media y la formación para el mundo del trabajo*, Buenos Aires: Universidad de Buenos Aires.

Miranda, A. y Corica, A. (2014). "El vínculo entre la educación secundaria y el mundo del trabajo: tensiones entre su complementariedad y su mutua exclusión", en Dore, R.; Cesar de Araújo, A. y Josué de Sousa Mendes (orgs.). *Evasão na educação: estudos, políticas e propostas de enfrentamento*, Brasilia: IFB y REPIMES.

Miranda, A. (2007). *La nueva condición joven: educación, desigualdad y empleo*, Buenos Aires: Fundación Octubre.

Miranda, A.; Otero, A. y Corica, A. (2007). "Tendencias en el tránsito en la educación secundaria y el mundo del trabajo en el Gran Buenos Aires, Neuquén y Salta", en *8° Congreso Nacional de Estudios del Trabajo*, ASET, Buenos Aires.

Miranda López, F. (2006). *Nuevos yacimientos de empleo para jóvenes: un enfoque comprensivo para una política integral*, México: Instituto Mexicano de la Juventud/Secretaría de Educación Pública.

Pérez Islas, J. A. (2008). "Entre la incertidumbre y el riesgo: ser y no ser, ésta es la cuestión juvenil", en Bendit, R.; Hahn, M. y Miranda, A. (comps.). *Los jóvenes y el futuro*, Buenos Aires: Prometeo.

Saintout, F. (2006). *Jóvenes: el futuro llegó hace rato*, La Plata: Facultad de Periodismo y Comunicación Social, UNLP.

Sandoval, M. (2003). *Jóvenes del siglo XXI, sujetos y actores en una sociedad en cambio*, Santiago: UCCRSH.

Sennett, R. (2006). *La cultura del nuevo capitalismo*, Barcelona: Anagrama.

Wyn, J. y Dwyer, P. (2000). "Nuevas pautas en la transición de la juventud en la educación", en *Revista Internacional de Ciencias Sociales*, 164, París: UNESCO.

Wyn, J. (2008). "Nuevos patrones de la transición de la juventud en la educación en Australia", en Bendit, R.; Hahn, M. y Miranda, A. (comps.). *Los jóvenes y el futuro*, Buenos Aires: Prometeo.

Tilly, C. (2000). *La desigualdad persistente*, Buenos Aires: Manantial.

De estudiantes a trabajadores

Un análisis sobre trayectorias ocupacionales de jóvenes argentinos durante la última década

Viviana Fridman y Analía E. Otero

Acerca de las autoras

Viviana Fridman es licenciada en Sociología por la Universidad de Buenos Aires. Maestranda en Diseño y Gestión de Políticas y Programas Sociales, Facultad Latinoamericana de Ciencias Sociales. Se desempeña dentro del Ministerio de Desarrollo Social de la Nación realizando actividades vinculadas con el diseño, puesta en marcha y evaluación de programas y proyectos sociales de alcance nacional. Actualmente desarrolla tareas de investigación en temáticas relacionadas con trayectorias juveniles y mercado de trabajo. Asimismo, es docente en la Facultad de Ciencias Sociales de la Universidad de Buenos Aires.

Analía Elizabeth Otero es doctora en Ciencias Sociales por la Facultad Latinoamericana de Ciencias Sociales (FLACSO), magíster en Diseño y Gestión en Políticas y Programas Sociales (FLACSO). Licenciada en Sociología por la Universidad de Buenos Aires. Se desempeña como investigadora adjunta del CONICET e investigadora principal del Programa de Investigaciones sobre Juventud de la FLACSO, sede académica Argentina, equipo en el que participa desde 1999. Actualmente es directora del proyecto *Trayectorias y nuevos horizontes. Productividad y prácticas sociales en emergentes propuestas de autogestión* (2012-2015).

Introducción

El presente texto se inscribe dentro de los estudios sobre trayectorias juveniles, siendo su interés particular las trayectorias ocupacionales de un grupo de egresados de la escuela secundaria en Buenos Aires, que actualmente tienen alrededor de 30 años. El propósito es poder caracterizar el tránsito de estudiantes a trabajadores, estableciendo vínculos de articulación entre factores macrosociales, estructurales y subjetivos.

El análisis abarca dos contextos socioeconómicos y políticos diferentes, si bien ambos están enmarcados en el período postindustrial. Mientras que el modelo económico implementado durante la década de 1990 y su crisis en el año 2001 perjudicaron drásticamente el estado del empleo y las condiciones de vida de gran parte de la población, a partir de 2003 comenzaron a modificarse los índices de crecimiento económico y de empleo, a través de un modelo que restablece el rol del Estado por medio de intervenciones de regulación económica, laboral y de política social.

A pesar del crecimiento económico reciente, se suele indicar que el mercado laboral juvenil conserva problemáticas específicas, entre ellas, la precariedad de los empleos a los que acceden los jóvenes y la alta rotación laboral.

Gran cantidad de estudios centrados en los primeros años de la inserción de los jóvenes coinciden en que estas problemáticas se caracterizan por la inestabilidad laboral, pero no existe consenso acerca de los causantes. Se destaca que entre los jóvenes la heterogeneidad en la inserción laboral es mayor que en el resto de los grupos, y está vinculada sobre todo con la educación y la procedencia social (Miranda y Otero, 2005). Al mismo tiempo, se expanden los estudios que centran su atención en la forma en que operan las estrategias de los jóvenes en la elección de los trabajos. Por su parte, también es poco lo investigado respecto de las consecuencias a mediano plazo de esa inestabilidad.

En este marco, buscaremos aproximarnos a una caracterización de las trayectorias ocupacionales juveniles e identificar perfiles diferenciales, así como cuáles son los jóvenes que en la actualidad se encuentran en mejores posiciones laborales.

Consideramos que una "trayectoria" se refiere a las distintas etapas que vive el individuo después de finalizar su formación en una determinada profesión o al insertarse en una actividad laboral u oficio, en cuanto a lo profesional, laboral, económico y social (Jiménez, 2009). En nuestro caso, nos remitiremos a las "trayectorias ocupacionales" como las etapas vividas por los jóvenes desde su egreso del secundario hasta el momento actual, en lo que hace a las distintas ocupaciones que fueron teniendo y sus pasajes por el mercado de trabajo. Dentro de las "ocupaciones" incluimos tanto los empleos asalariados registrados como los no registrados, el cuentapropismo formal e informal, y otras actividades con menor grado de formalidad (changas, pasantías, etc.).

El artículo se inicia con una presentación de la metodología y el proyecto en el cual se enmarca, y a continuación se hace una síntesis del debate actual sobre trayectorias ocupacionales juveniles. Luego, se describe la situación en la que se encontraban los jóvenes al año de egresarse, y posteriormente se caracterizan las trayectorias ocupacionales de un grupo de estos jóvenes, desde dicho momento hasta la actualidad, y se distinguen elementos en común y diferentes entre éstas. Finalmente, se hace una reflexión respecto de lo que se ha hallado.

De la metodología

La información utilizada en este trabajo fue relevada en el marco de dos proyectos llevados adelante por el Programa de Investigaciones de Juventud de la Facultad Latinoamericana de Ciencias Sociales en la sede Argentina.

El primero de ellos fue implementado entre los años 1998 y 2003, y la estrategia metodológica consistió en la aplicación de la técnica *follow-up* de seguimiento de egresados entre estudiantes del último año de la educación secundaria. La selección de los estudiantes se realizó a partir de la elaboración de una muestra de establecimientos educativos de carácter intencional y no probabilístico.[1] Sobre la base de la información recabada, se elaboró una tipología de recorridos postsecundario: los jóvenes que trabajan, los que trabajan y estudian, los que sólo estudian y los erráticos.

El segundo proyecto, desarrollado entre los años 2010 y 2013, implicó dos relevamientos: la reedición de la encuesta a egresados de la cohorte 2011 y su posterior seguimiento con la técnica de *follow-up*; y la realización de treinta entrevistas a jóvenes que formaron parte del primer proyecto de investigación. Se trató de una muestra no probabilística, seleccionada sobre la base de criterios preestablecidos. Las entrevistas se llevaron adelante durante fines de 2012 y principios de 2013, luego de un rastreo telefónico en el año 2011.

Este artículo se basó en la información relevada en la encuesta a egresados de la cohorte 1999, utilizando metodología cuantitativa, así como en la que surge de las entrevistas realizadas a treinta de esos jóvenes, a través de un análisis cualitativo.

Se emplearon en mayor medida los datos de las entrevistas, debido a que el presente análisis es de tipo exploratorio-descriptivo con un enfoque predominantemente cualitativo, orientado a la comprensión del fenómeno social "tal y como l[o] observan los actores de una sistema social previamente definido" (Sampieri, 2004). Se

---

1. Se distinguieron tres segmentos (bajo, medio, alto) tomando en cuenta los siguientes indicadores: a) infraestructura escolar; b) titulación de los docentes; c) características socioeconómicas de la población que asiste.

recurrió a las entrevistas biográficas que permitieron "el despliegue de sucesos de vida (cursos de vida) y experiencias (historias de vida) a lo largo del tiempo, articulados con el contexto inmediato y vinculados al curso o a historias de vida de otras personas con quienes han construido lazos sociales (familia, escuela, barrio y trabajo)" (Sautú, 2004).

Trayectorias ocupacionales y transicionales

Con la caída de la sociedad industrial en los países de Occidente –en el último cuarto del siglo XX– y el tipo de Estado asociado a este modelo de desarrollo, se desestructura la configuración del ciclo de vida en tres etapas definidas de manera formal y estricta: niñez, adolescencia y familia.

En ese esquema, la organización entre las esferas del trabajo y de la protección social (a través de leyes sobre trabajo infantil, jubilación, escolaridad obligatoria) configuraba los trayectos de vida en forma de un sistema, con una temporalidad pautada y lineal (Gastrón y Oddone, 2008). La entrada a la vida adulta significaba simultáneamente el acceso al mercado de trabajo y la formación de la familia, por lo que en los estudios sociológicos sobre juventud que se expanden en esa época, el trabajo ocupó un lugar central para su definición.

Al producirse la caída de la sociedad industrial, el trabajo va perdiendo centralidad como el gran estructurador del tiempo. La forma del trabajo asalariado, estable y a tiempo completo deja de ser la predominante y hoy convive con otras formas de participación laboral que hicieron que el ingreso al mercado de trabajo no sea sinónimo de inicio de una carrera laboral.

Así, la estructuración del ciclo de vida, en la que los tiempos sociales sucesivos encajaban como piezas ajustadas en un trayecto ordenado y previsible, termina por descomponerse. Las biografías se hacen menos lineales, más complejas y heterogéneas, y los procesos de transición a la adultez también resultan cada vez menos estandarizados e institucionalizados (Casal, 1996; Bendit, 2008).

A esto hay que sumar que en las últimas décadas se extienden los años de escolarización, lo que puede conducir a postergar el ingreso al mercado de trabajo; al tiempo que muchas veces por cuestiones económicas se demora la emancipación del hogar de origen.

Precisamente estos cambios desestructuran la transición escuela-trabajo:

> ... este patrón aparece interpelado doblemente: por un lado, más que de un *momento* se trataría de un *proceso* que podría aventurar situaciones complejas y diversas; por otro lado, habría (si es que aún existe) un arribo a la condición de *adulto*, que presenta variaciones significativas entre los jóvenes, y que no necesariamente se produce en forma simultánea en las distintas dimensiones vitales de los sujetos (Otero, 2011: 101).

Trayectorias ocupacionales juveniles

Las investigaciones sobre trayectorias laborales son aquellas que buscan analizar la historia laboral de las personas en tanto encadenamiento de sucesos, en los que se ponen en juego ya sea características individuales como condicionamientos estructurales (Jiménez, 2009). Dichas investigaciones crecen al compás de las modificaciones que se producen en la era postindustrial.

Con las transformaciones en los mercados laborales a partir de la reestructuración productiva y la desindustrialización, la finalización de la escuela deja de ser garantía de tener acceso al trabajo. Incluso las dificultades para conseguir empleo conviven con el mayor acceso al sistema educativo por parte de los jóvenes.

Al mismo tiempo, conseguir un empleo tampoco implica la permanencia dentro del mercado laboral, donde prima la inestabilidad y la precariedad de los puestos laborales, "la caracterización de los empleos disponibles y las experiencias por las que atraviesan los jóvenes, entre otras, con escasa calificación, sin posibilidades de aprendizaje, con escasa continuidad, han augurado la posibilidad de trayectorias más inciertas y riesgosas que antaño" (Otero, 2012: 48).

Si bien existe un acuerdo generalizado respecto de que la alta rotación laboral se presenta como uno de los problemas principales de la inserción de los jóvenes en el mercado de trabajo en la actualidad, no existe consenso acerca de cuáles son sus causas, ni si se trata de movimientos voluntarios o involuntarios por parte de los protagonistas (Maurizio, 2001). Algunos argumentan que al inicio los jóvenes, carentes de cierta información sobre los puestos de trabajo disponibles, van rotando en búsqueda de una ocupación satisfactoria acorde con sus expectativas. Otros sostienen que los puestos a los que acceden los jóvenes suelen ser menos estables por ser aquellos que requieren menores calificaciones y experiencia, o que los sectores en los cuales generalmente se insertan presentan mayor movilidad, sobre todo el de servicios y comercio minorista.

En años recientes se suma al debate una mirada que se enfoca sobre la relación de los jóvenes con el trabajo desde la perspectiva subjetiva (Jacinto, 2005). Algunas argumentaciones desde este ángulo dan cuenta de que la inserción en un puesto de trabajo de duración determinada puede deberse a que el joven busque priorizar otras actividades, por ejemplo abocarse al estudio, o a que la estabilidad no sea el atributo que más se valora a la hora de priorizar un trabajo.

Precisamente, hay que distinguir las trayectorias que son producto de estrategias y elecciones de sus protagonistas de las que son, antes que nada, el resultado de condicionamientos estructurales. En definitiva, se reactualiza la tensa relación entre estructura y acción, vigente en toda reflexión sobre aspectos de la realidad social:

> ... se trata de un debate de envergadura tomando en cuenta que los condicionantes pueden estar operando como potenciales obstáculos sobre el marco de acción y posibilidades de selección, señalando diferencialmente las trayectorias y poniendo énfasis en la individuación de responsabilidades sobre riesgos sociales (Otero, 2012: 48).

En este sentido, se señala que los jóvenes con menor nivel de educación formal tienden a acceder a empleos en sectores de baja productividad y con bajos ingresos. Además el título secundario no resulta condición suficiente para el acceso a empleos de calidad, sino que la educación superior resulta central para conseguir mejores empleos en cuanto a condiciones laborales, y en empresas de mayor importancia (Miranda, 2008).

El origen social aparece como un determinante en diversos aspectos de los recorridos. Por ejemplo, se plantea que aquellos que poseen una procedencia social de hogares con mayor ingreso *per cápita* tienen más posibilidades de acceder a un trabajo en sectores de más alta productividad. Además los jóvenes que son jefes de hogar se insertan en trabajos de peor calidad por la premura en conseguir trabajo, mientras que el resto puede esperar a conseguir un buen empleo. Otro elemento a considerar es que la asistencia educativa es mayor en los jóvenes con más recursos económicos, quienes poseen redes de relaciones que les permiten acceder a actividades formativas y laborales en mayor proporción.

Finalmente, se puede encontrar cierto consenso en que la alta rotación va disminuyendo con los años, lo que podría indicar que las tendencias se modifican al acumular experiencia y conocimientos para acceder a puestos con mejores condiciones (Weller, 2003). Sin embargo, es poco lo que se ha investigado en nuestro país respecto de las consecuencias de esos movimientos iniciales, es decir, si el paso por empleos de corta duración y calificación permiten o no acumular experiencia, o si en rigor esos inicios no tienen incidencia en el recorrido posterior.

En este marco, nos proponemos caracterizar los tránsitos de estudiantes a trabajadores que han hecho jóvenes egresados de la cohorte 1999 provenientes de Buenos Aires, indagando sobre distintos factores que se conjugan en sus recorridos laborales.

El análisis se inscribe en el marco global de la desestructuración de las trayectorias ocupacionales de las últimas décadas, y en la situación propia de nuestro país, signada por un cambio de modelo económico y de modalidad de intervención del Estado que mejora progresivamente los indicadores del mercado de trabajo a partir del año 2003.

El punto de partida: postegreso del secundario

Los jóvenes egresados en el año 1999[2] inician su transición mientras el modelo de crecimiento implementado en los noventa, "el modelo de la convertibilidad", llegaba a su fin, en medio de una creciente recesión económica, con aumento de las tasas de desempleo, subempleo y empleo no registrado. ¿Cuál era la situación particular respecto del trabajo en la que se encontraban estos jóvenes en el año posterior a su egreso del secundario? Cerca de la mitad (el 46%) estaba ocupado; el 22%, desocupado, y más del 30%, inactivo. Si se observa sólo a las mujeres, hay una leve diferencia a favor de las inactivas frente a las ocupadas, pero en los varones son más de la mitad los que tenían un trabajo (ver cuadro 1).

Al discriminar por el tipo de la escuela de egreso, se destaca que dentro del grupo que asistió a una escuela del segmento alto, era mucho mayor la cantidad de inactivos

---

2. Se encuestaron 594 alumnos provenientes de 18 escuelas de Buenos Aires. De ellos, 240 eran mujeres y 354 varones; el 40% eran alumnos de escuelas del segmento bajo; el 38%, del segmento medio, y el 20%, del alto.

que en el resto. En los otros grupos era similar la distribución, aunque entre los jóvenes del segmento bajo había un porcentaje un poco mayor de desempleados. El grupo de jóvenes con mayor cantidad de ocupados correspondía a los egresados de escuelas del sector medio (ver cuadro 2).

Cuadro 1. Condición de actividad según sexo. Año 2000 (porcentajes)

	Femenino	Masculino	Total
Ocupado	35,8	53,4	46,3
Desempleado	25,4	19,5	21,9
Inactivo	38,8	27,1	31,8
Total	100	100	100

Fuente: datos del proyecto de investigación *La inserción ocupacional de los egresados de la escuela media*, con sede en FLACSO, Argentina. Elaboración propia.

Cuadro 2. Condición de actividad según escuela a la que se asistió. Año 2000 (porcentajes)

	Bajo	Medio	Alto	Total
Ocupado	47,7	51,7	32,8	46,3
Desempleado	25,1	23,3	12,6	21,9
Inactivo	27,2	25	54,6	31,8
Total	100	100	100	100

Fuente: datos del proyecto de investigación *La inserción ocupacional de los egresados de la escuela media*, con sede en FLACSO, Argentina. Elaboración propia.

Prácticamente la totalidad de los ocupados tenían un trabajo inestable o precario. Aquí se puede diferenciar que la mayoría de los egresados de secundarios del segmento alto refería tener un trabajo temporario, mientras que en los jóvenes del segmento bajo se hace mención principalmente a changas. En el caso de quienes egresaron del segmento medio, está distribuido de manera igualitaria entre esos dos tipos de trabajo. Estos últimos son los que además tenían mayores ocupaciones permanentes.

Cuadro 3. Tipo de contrato laboral según escuela a la que asistió. Jóvenes que trabajan. Año 2000 (porcentajes)

	Bajo	Medio	Alto
Permanente	23,3	25,8	10,3
Temporario	28,4	35,8	46,2
Changa	43,1	35,8	20,5
Otro	2,6	2,5	23,1
s/d	2,6	0,0	0,0
Total	100	100	100

Fuente: datos del proyecto de investigación *La inserción ocupacional de los egresados de la escuela media*, con sede en FLACSO, Argentina. Elaboración propia.

Entre los que estaban inactivos, más de la mitad (60,3%) declaró que no buscaba trabajo porque estaba estudiando. En el caso de los jóvenes de los segmentos educativos medio y bajo, también un número significativo declaró que no buscaba porque "no hay trabajo", es decir, eran desocupados

180 • Sociología de la educación

desalentados. Por su parte, entre los jóvenes egresados del segmento alto, la segunda razón por la que no buscaban era porque no querían hacerlo (ver cuadro 4).

Cuadro 4. Razón por la que no busca trabajo según escuela a la que asistió.
Jóvenes inactivos. Año 2000 (porcentajes)

	Bajo	Medio	Alto	Total
No quiero	3,0	5,2	24,6	11,1
Porque estudio	45,5	72,4	64,6	60,3
Porque no hay trabajo	4,5	0	0	1,6
Busqué y no encontré	22,7	17,2	1,5	13,8
No sé hacerlo	0	0	1,5	0,5
No hay buenos trabajos	0	1,7	3,1	1,6
Por no tener título	4,5	0	1,5	2,1
Tengo tareas en el hogar	12,1	1,7	0	4,8
Ns/nc	7,6	1,7	3,1	4,2
Total	100	100	100	100

Fuente: datos del proyecto de investigación *La inserción ocupacional de los egresados de la escuela media*, con sede en FLACSO, Argentina. Elaboración propia.

En síntesis, la situación en la que se encontraban los entrevistados al año siguiente de finalizar el secundario manifestaba los problemas comúnmente asociados a la inserción laboral de los jóvenes, en este caso profundizados por la recesión económica vigente.

Jóvenes y trabajo en la última década

A partir de aquí analizaremos las entrevistas realizadas a los egresados de la cohorte 1999. Se trata de jóvenes que al momento del relevamiento tienen alrededor de 30 años de edad.

El conjunto de entrevistados afrontará sus primeros años de transición de la escuela al trabajo durante el declive económico y la crisis en la que se desembocó a finales del año 2001, que empeora la economía, el estado del empleo y las condiciones de vida de la población. Los subsiguientes años de las trayectorias tendrán como escenario común el cambio de modelo de desarrollo a partir de 2003, cuando se da inicio a un período de recuperación del rol del Estado en la regulación de las políticas económicas, así como en intervenciones en las áreas sociales y laborales que promueven el crecimiento económico ininterrumpido hasta el año 2009[3] y mejoran la situación del mercado de trabajo junto con otros indicadores de la calidad de vida.

Otro rasgo compartido es el haber continuado sus estudios una vez egresados de la escuela media, en consonancia con el creciente acceso de la juventud a la educación superior, que ya venía teniendo peso en décadas anteriores (Miranda, Otero y Zelarrayán, 2005).

Como mencionamos, en total se realizaron treinta entrevistas, en las que participaron 19 hombres y 11 mujeres; en mayor proporción se trata de residentes de la provincia de Buenos Aires (18 casos), y el resto vive en la Ciudad de Buenos Aires.[4] Entre las mujeres de la muestra, prácticamente la mitad son madres, todas provienen del

---

3. Sobre el final de 2008, en medio de una crisis económica internacional, Argentina registró una significativa desaceleración del crecimiento, pero para el año 2010 el ritmo de expansión volvió a situarse en los niveles previos a la crisis (Arceo, 2011).
4. De los egresados varones, seis eran de escuelas del segmento alto; siete, del medio, y seis, del bajo. De las mujeres, tres de ellas eran egresadas de secundarios del segmento alto; otras tres, del segmento medio, y cinco, del bajo.

segmento educativo medio y bajo. Exceptuando una, todas las entrevistadas están actualmente trabajando. Ellas fueron tomando decisiones en sus recorridos en función de su maternidad, como cambiar de trabajo por la carga horaria o renunciar en los casos en que tenían más de una ocupación a la vez. Las profesiones más comunes entre las mujeres son las de grado terciario, sobre todo la docencia, y en menor medida la licenciatura en piscología o psicopedagogía.

En el caso de los varones, poco menos de un tercio ha tenido hijos. Se trata, a diferencia de las mujeres, de egresados de escuelas del segmento alto y medio. La distribución entre quienes optaron por continuar estudiando en terciario y los que prefirieron la universidad es homogénea. Las carreras frecuentes fueron las ingenierías (en terciario o universidad), abogacía, las vinculadas al diseño y la economía.

Tomando el total de los entrevistados, más allá de las diferencias según género, la mitad tiene hoy un estudio terciario completo, y también gran cantidad pasó por la universidad aunque no todos completaron sus estudios. Se puede notar que los jóvenes con estudios terciarios provienen en casi su totalidad de escuelas del segmento bajo, mientras que aquellos que completaron sus estudios universitarios provienen íntegramente del segmento medio y alto. Hallazgos en igual sentido se pueden encontrar en otras investigaciones cualitativas sobre jóvenes residentes en diversas provincias (Otero, 2012).

Por otra parte, hay una porción significativa de jóvenes que al momento de la entrevista no han finalizado sus estudios superiores. En general son jóvenes del segmento bajo y medio, quienes tienen dificultades para sostener los estudios y completarlos.

Podemos encontrar como generalidad que los jóvenes transitan por lo menos dos experiencias laborales a lo largo de su recorrido, y que es durante los primeros años cuando se concentran los mayores movimientos de entrada y salida al mercado de trabajo.

Trayectorias ocupacionales y etapas recorridas

A partir de los rasgos generales detallados en el apartado anterior, reconstruimos e indagamos cómo se fueron desenvolviendo las trayectorias ocupacionales de estos jóvenes hasta la actualidad. Tomando en cuenta tal análisis, se realizó una periodización de los recorridos que nos permitió aproximarnos a caracterizar trayectorias y conformar tres grupos de egresados:

Grupo 1: jóvenes que luego de transitar sus primeros años con escasa discontinuidad laboral se insertan en su campo profesional con trabajos estables y registrados, de modo que configuran una carrera laboral en ascenso.

Grupo 2: jóvenes que luego de transitar un recorrido de alta discontinuidad ocupacional, recientemente comienzan a estabilizarse en trabajos registrados en el campo laboral de su formación.

Grupo 3: jóvenes que han tenido discontinuidad inicial, y desde su egreso del secundario hasta la actualidad muestran trayectorias de inserción en trabajos precarios y sin relación con su formación, con poca perspectiva de mejora en lo inmediato.

El recorrido de corrido

Dentro del primer grupo (*Grupo 1*) ubicamos los entrevistados con las trayectorias de mayor continuidad laboral y mejores posicionados en la actualidad, es decir que presentan una carrera profesional constituida y proyecciones de ascenso en el lugar de trabajo. Hay algunos que conservan el mismo trabajo desde el inicio, aunque han tenido otras ocupaciones secundarias. Estos jóvenes se insertaron entre los años 2001 y 2003 en ocupaciones dentro del rubro de servicios, y en general son cuentapropistas. Han completado sus estudios superiores, terciarios o universitarios.

Tuvieron la posibilidad de elegir su ocupación en función de sus intereses y/o habilidades sin priorizar el ingreso:

Mi viejo lo llamó: "-Che, mi hijo es fotógrafo, ¿tenés algo para él?". "-Mandámelo mañana". Justo necesitaba y empecé laburando gratis, digamos como asistente de fotografía en la parte de la edición del diario, que todavía no tenía fotógrafo (segmento alto, fotógrafo).

Incluso algunos comienzan su trabajo como pasatiempo:

Los primeros clientes aparecieron bastante después; al principio era todo más un *hobbie*. Y como estaba estudiando, mis papás pagaban mi educación y tampoco necesitaba tanto el dinero; pero después, cuando el web *site* se hizo más conocido, empezaron a aparecer clientes (segmento alto, consultor en diseño de páginas web).

En la actualidad están satisfechos con su situación laboral, tanto por las tareas como por los ingresos, y se proyectan a futuro dentro de sus mismos trabajos. Dentro de este grupo están aquellos que se insertan como profesionales una vez recibidos tanto de terciarios como de la universidad, y que previo a ello presentan movimientos escasos de salidas y entradas al mercado laboral.

Los egresados del nivel terciario realizaron al inicio de sus recorridos algún trabajo para colaborar económicamente en el hogar, pero priorizaban el estudio. En ese sentido, son los jóvenes los que elegían trabajos esporádicos o con poca carga horaria. Además transitaron cortos períodos de desocupación. Al finalizar sus estudios superiores comienzan a insertarse en ocupaciones vinculadas a su formación y en los años subsiguientes estabilizan su trayectoria, como trabajadores de la enseñanza y la salud, en el sector público. La elección de trabajar en el sector público se vincula con la valorización de la estabilidad como atributo de un empleo:

… no sabés hasta cuándo va a estar, y algo del Estado ya lo tenés para toda la vida (segmento bajo, enfermera).

La reconstrucción que realizan estos jóvenes sobre sus propias trayectorias indica que tienen alta conformidad con sus recorridos; les gustaría mejorar los ingresos, pero esperan poder hacerlo con el paso del tiempo. Los que se insertan en su campo de formación al egresar del grado universitario también se inician con trabajos ocasionales; en este caso fue mayor el tiempo que pasaron como inactivos que como ocupados, y nunca estuvieron desocupados. Priorizaban ocupaciones que les otorgaran experiencia en lo que estaban estudiando (incluso trabajan *ad honorem*):

> … en el transcurso de la carrera, empecé a hacer trabajos de diseño; o sea, ya empecé a hacer algunos trabajitos; algunos salvaba que hacía algunos mangos pero eran más que nada para ir ganando experiencia, digamos, un poco (segmento medio, economista).

En ocasiones esos trabajos eran proporcionados por la familia o directamente realizaban tareas en negocios familiares, lo cual les otorgaba mayor margen para organizarse. Una vez recibidos en la universidad, ejercen como profesionales, en trabajos en relación de dependencia, ya sea en empresas o ámbitos estatales. Realizan cambios de trabajo en búsqueda de mejores tareas e ingresos. Hoy, de acuerdo con sus propias apreciaciones, están satisfechos con sus trayectorias y sienten que tienen posibilidades de seguir creciendo profesionalmente. En síntesis, el común denominador del grupo uno es que se trata de jóvenes con escasa discontinuidad a lo largo de todo su recorrido, que han construido una carrera profesional ascendente y manifiestan expectativas de mejora en el corto plazo.

Se hace camino al andar

El segundo grupo (*Grupo 2*) es el de aquellos que han transitado múltiples movimientos entre ocupaciones hasta lograr insertarse en trabajos estables y de calidad. Dentro de este grupo identificamos casos que comienzan a mejorar su inserción en la mitad del trayecto. En el inicio de las trayectorias, han tenido entre tres y cinco ocupaciones, tanto changas como trabajos registrados, sobre todo en el comercio minorista (quioscos, almacenes, panaderías, casas de comida); varios de los cambios fueron producto de la disconformidad con las condiciones o el clima de trabajo. En la reconstrucción de sus recorridos se verifica que han estado desocupados por un período no mayor a tres meses. Estos jóvenes se insertaron tempranamente en el mercado de trabajo para poder generar ingresos, ya sea para estudiar o para aportar al hogar:

> Estuve como casi un año trabajando hasta que más o menos dije: "Bueno, puedo llegar a empezar a estudiar también"; entonces me informé, ahí empecé a estudiar y me pagaba la facultad" (segmento medio, empleado en empresa multinacional).

Sobre el conjunto se denota una priorización del trabajo por sobre el estudio:

> Ahí está uno de los temas, que en esa PYME tenía que viajar al interior; por lo menos cada mes me iba 15 días al interior a trabajar a cooperativas, trabajaba en cooperativas eléctricas, y ahí fue el tema que me perjudicó también en avanzar con la carrera porque no podía planificar (segmento medio, empleado en empresa de sistemas).

A mediados del recorrido se insertan en empleos registrados, como operarios calificados, en grandes empresas o industrias. Son trabajos vinculados a su formación, aunque no todos finalizaron sus estudios -carreras de nivel terciario, que abandonaron o están cursando-. Del análisis se desprende que si bien existe conformidad con el trabajo actual, no todos proyectan una carrera dentro de éste, ya sea porque no ven crecimiento allí o porque les gustaría cambiar de rubro.

Dentro del segundo grupo, también están quienes consiguen insertarse en un trabajo registrado en años recientes. Inician su trayectoria antes de terminar el secundario, alternando la condición de estudiante con la de trabajador. Los primeros años postegreso del secundario se caracterizan por la dificultad para encontrar empleo, afectados por el contexto de crisis; y las ocupaciones son generalmente changas:

> Sí, al principio me costaba; en esa época, en el 2000 fue una época muy jodida para conseguir trabajo y no trabajé, digamos, en una fábrica, trabajé con un muchacho haciendo obras, instalaciones eléctricas y esas cosas, ¿viste?, como para empezar a trabajar en algo; en fábrica, fábrica, al principio no enganché nada… (segmento bajo, empleado en una fábrica).

Estos jóvenes también trabajaban para aportar al ingreso del hogar familiar y para continuar estudiando después del egreso del secundario, y les resultaba complicado compatibilizar ambas actividades:

> … entonces con eso pagaba el profesorado, pero yo cumplía en los trabajos; pagaba para no poder estudiar porque estaba "fusilado" (segmento bajo, entrenador de atletismo).

La mejora en el recorrido no se vincula a algún suceso significativo en común, sin embargo señalan que a mediados de la década empiezan a encontrar más ofertas laborales:

> … después, en el 2006 ya empezó a haber un poco más de trabajo; ahí ya empezó a haber más posibilidades laborales, de cambiar (segmento bajo, empleado en una fábrica).

Un punto generalizado de su condición como trabajadores es que a las ocupaciones actuales les falta mayor estabilidad, ya sea por ser muy recientes o por las condiciones de contratación, bajo la forma de locación de servicios. Son trabajos en empresas, fábricas, organismos estatales, vinculados a la formación de los jóvenes, ya sea en el terciario o en un secundario técnico. En estos jóvenes, la distribución es homogénea entre quienes tienen estudios superiores completos y quienes no han finalizado. Manifiestan cierta satisfacción con su situación laboral actual en relación con los ingresos, no obstante expresan la necesidad de que se haga más estable. En resumen, las trayectorias de este grupo se caracterizan por la alta discontinuidad ocupacional inicial y por la incipiente inserción en una ocupación estable en su campo profesional.

En busca del destino

Finalmente, identificamos un tercer grupo (*Grupo 3*) de entrevistados con un perfil diferente al del resto de los jóvenes en la medida que tienen una trayectoria que hasta el día de hoy continúa desarrollándose por fuera del mercado laboral formal.

En los inicios de las trayectorias existe una alta discontinuidad ocupacional, y las actividades que prevalecen son changas, mayormente como cuentapropistas informales: realizando tareas de reparación, albañilería, o en trabajos en relación de dependencia no registrados en algún comercio del barrio.

Posteriormente estos recorridos seguirán presentando discontinuidad entre trabajos, pero no es lo que prevalece, sino que la característica principal será la precariedad de las ocupaciones que fueron teniendo y tienen en la actualidad.

La totalidad de las experiencias laborales que han transitado fueron no registradas, ya sea por cuenta propia o en un negocio familiar. Además, todas las trayectorias presentan tramos de situaciones de desocupación. En estos recorridos aparece la presencia del Estado a través de planes sociales de transferencia directa de ingresos, como el Plan Jefas y Jefes de Hogar Desocupados -en los primeros años postegreso del secundario- y la Asignación Universal por Hijo.

Los jóvenes del tercer grupo tienen en común que provienen de hogares con bajos ingresos familiares y tienen formación terciaria o universitaria incompleta. Pero las historias personales son heterogéneas, en ellas los condicionantes operan entremezclados con las decisiones de los jóvenes. Por ejemplo, retomando el caso de la joven que al momento de la entrevista estaba inactiva (la única entre todos los entrevistados), ésta da cuenta de que en los últimos años se aboca al cuidado de sus hijos:

> … después dejé; ya vino la chiquita, y mi marido, gracias a Dios, trabaja en un trabajo estable y bien; entonces ya te digo, ella ya está cubierta con sus gastos; dentro de todo, no tengo esa necesidad de decir: 'Voy a hacer otra cosa'. Me gustaría; yo decía: 'Cuando ella entre a jardín (que entró este año), me gustaría empezar algo para mí o volver a hacer un curso o ya encargarme pero en algo que me guste'. Pero bueno, después vino el varoncito (segmento bajo, inactiva).

Los ocupados de este grupo realizan en la actualidad trabajos en el segmento informal de la economía y la condición de trabajo es no registrada, se trata de emprendimientos familiares de servicios o comercio minorista.

Ninguno de los jóvenes logró insertarse en un empleo vinculado a su formación, y en este sentido hay disconformidad con el empleo:

> Como te decía hace un rato, a mí me gusta la aeronáutica; esto si me das a elegir te digo: "No, no quiero"; pero bueno, es lo que hay y hay que hacerlo (segmento bajo, trabaja en un taller con el padre).

Sin embargo, también expresan que el principal atributo que tienen en cuenta a la hora de evaluar un trabajo es el ingreso ("Y, lamentablemente, como tengo familia, el sueldo como primera medida"). En este sentido, los entrevistados evalúan que su situación es medianamente satisfactoria en términos monetarios, y expresan que desearían trabajar en empleos registrados. Un rasgo común en los relatos es que a futuro esperan poder desarrollarse en ocupaciones vinculadas a su formación e intereses.

Por lo tanto, los jóvenes del tercer grupo presentan trayectorias de discontinuidad laboral y precariedad continua en las ocupaciones que han realizado a lo largo de todo su recorrido.

En el presente apartado se dio cuenta de tres recorridos que caracterizaron un grupo de egresados de la cohorte 1999. En el primer grupo la discontinuidad es escasa y consiguen construir una carrera profesional, el segundo grupo transita pasajes laborales de alta discontinuidad y comienza más tardíamente a alcanzar estabilidad profesional, y el tercero de los grupos aún no se ha insertado en su campo profesional y su inserción es de continuidad en la precariedad.

Diferencias y similitudes en lo recorrido

En la presente caracterización de trayectorias ocupacionales juveniles se refuerzan las afirmaciones respecto de la desestructuración de la transición escuela-trabajo a partir de la caída del modelo industrial, que conforma trayectorias que alternaron entre momentos de ocupación en empleos registrados y en trabajos no registrados con situaciones de desempleo o inactividad.

El análisis de los recorridos transitados por un período de más de diez años nos permitió encontrar similitudes entre algunos jóvenes y agruparlos en función de ello.

En este apartado abordaremos algunos rasgos compartidos y diferencias que pudimos identificar entre los distintos grupos, así como factores que tuvieron incidencia en sus recorridos.

El primer grupo tuvo discontinuidad laboral inicial en menor medida que el resto. De hecho dentro de este grupo encontramos casos que tuvieron durante todo el recorrido la misma ocupación –como actividad principal–. De todos modos, las condiciones de trabajo en los inicios eran de mayor precariedad, con carácter de pasantías o sin remuneración. Son egresados de secundarios del segmento alto que optaron por una ocupación de acuerdo con sus intereses, sin tener la presión de generar ingresos en lo inmediato. Abocados al trabajo antes que al estudio, sus responsabilidades e ingresos fueron continuamente aumentando. Aunque todos culminaron una formación superior, las oportunidades laborales aparecieron ante todo por las redes familiares y de contactos, y se insertaron profesionalmente antes de recibirse.

El resto de los jóvenes del primer grupo se estabilizan al finalizar un estudio superior, y previo a ello transitan muy escasas experiencias de trabajo. Hay quienes elegían realizar trabajos temporarios para obtener experiencia sin que ello obstaculizara su rendimiento académico. Son egresados del segmento educativo alto y medio que, al igual que en los casos recién descriptos, no denotan mayor necesidad de trabajar para obtener ingresos. Y hay otros, egresados de secundarios del segmento medio y bajo, que transitaron por alguna experiencia laboral inicial compatible con sus estudios superiores para generar ingresos y colaborar con el hogar. Para estos últimos la educación terciaria resultó un factor crucial a la hora de conseguir insertarse en un empleo de calidad.

Por lo tanto, en el caso de los jóvenes del primer grupo que han tenido alguna ocupación inestable, ha sido básicamente resultado de sus propias decisiones, al buscar ocupaciones compatibles con el estudio. Hallazgos en este sentido se pueden encontrar en otras investigaciones (Busso, Longo y Pérez, 2011).

En cuanto al segundo grupo, los primeros años son de gran rotación producto del tipo de trabajo al que los jóvenes lograron acceder, en general trabajos temporarios y no registrados.

Se trata de egresados del segmento bajo y medio que tuvieron que trabajar desde el inicio para poder aportar a los ingresos familiares. Muchas veces los jóvenes fueron los que renunciaron a sus empleos, no tanto porque no cumplieran sus expectativas, sino porque no se sentían cómodos con el clima laboral.

Estos jóvenes priorizan el trabajo antes que la formación, y les cuesta terminar sus estudios superiores. A mediados del recorrido logran insertarse en empleos registrados y estables, lo que podría ir en línea con las afirmaciones acerca de que la rotación disminuye al acumular experiencia y conocimientos. Sin embargo, a diferencia del grupo anterior, no todos se proyectan a futuro en el trabajo que tienen en la actualidad.

En este segundo grupo el contexto fue un factor de gran relevancia en los recorridos. Los años finales del modelo de la convertibilidad afectaron la situación económica de los hogares de los jóvenes y también la disponibilidad para encontrar el primer trabajo; en cambio, el contexto de crecimiento de la última década ofreció mayores oportunidades laborales.

El tercer grupo tuvo al inicio de sus trayectorias changas y trabajos precarios al igual que el grupo anterior, pero a diferencia de éste, los jóvenes no logran salir nunca de la precariedad ocupacional.

Este grupo de jóvenes lo conforman unos pocos casos dentro del total, egresados de secundarios del segmento bajo y del medio, todos con familias que se ven afectadas durante los años del modelo de la convertibilidad y la crisis económica de 2001.

En este caso, a diferencia de aquellos con trayectorias discontinuas, consiguen un trabajo estable a mediados del recorrido, pero se trata de ocupaciones no registradas, sin relación con sus estudios y sin relación de dependencia.

Entre ellos hay situaciones heterogéneas, en las que la escasez de oportunidades se conjuga con las historias y decisiones de cada uno, como el caso de la joven que se mantiene inactiva para hacerse cargo de las actividades domésticas.

Los jóvenes del tercer grupo expresan que no han conseguido un trabajo registrado y acorde con su formación, pero no cambiarían el trabajo actual por una ocupación más acorde con sus calificaciones si ésta es de menor ingreso.

En síntesis, si bien casi todos los recorridos se caracterizan por la inestabilidad laboral y el tránsito por empleos de baja calidad durante los primeros años, se han identificado en el transcurso de más de diez años perfiles diferenciales de trayectorias ocupacionales.

De acuerdo con la reconstrucción, aquellos que han tenido mayores dificultades son jóvenes de los segmentos medios y bajos que tuvieron que trabajar desde el comienzo en ocupaciones que no les permitían acumular experiencia y que no guardan relación alguna con sus estudios, e incluso en muchos casos tuvieron que dejar de estudiar.

Por el contrario, los que están mejor posicionados son, por un lado, los egresados del segmento alto, que cuentan con ventajas iniciales para elegir su ocupación e ir desarrollándose profesionalmente. Por otro, jóvenes provenientes del segmento bajo y medio que con un título superior han conseguido insertarse y crecer dentro de su campo de formación profesional.

Reflexiones finales

En el presente artículo describimos trayectorias ocupacionales de jóvenes, a las que entendemos como las etapas vividas desde su egreso del secundario hasta el momento actual, en lo que hace a las distintas ocupaciones que fueron teniendo y sus pasajes por el mercado de trabajo. En nuestro análisis consideramos tanto los empleos asalariados registrados como los no registrados, el cuentapropismo formal e informal, y otras actividades con menor grado de formalidad (changas, pasantías).

Por medio de la caracterización de las trayectorias ocupacionales de un grupo de jóvenes egresados en el año 1999, observamos que las transiciones de la escuela al trabajo en el período postindustrial son, en buena medida, desestructuradas y heterogéneas.

A partir del análisis identificamos elementos que nos permitieron agrupar los recorridos y distinguir trayectorias en función de ciertos elementos. Así dimos cuenta de tres configuraciones de trayectorias ocupacionales juveniles.

Por un lado, aquellas con mayor continuidad. En éstas, hay una primera etapa donde se detectan empleos de corta duración, resultado de la elección de los jóvenes y donde es frecuente la inactividad antes que el desempleo. Posteriormente, se construye una carrera laboral profesional, con empleos tanto por cuenta propia como en relación de dependencia. Todos los egresados del segmento alto y un conjunto significativo del segmento medio se concentran dentro de este grupo. En cuanto a los egresados del segmento bajo, aquí ubicamos a los educadores y trabajadores de la salud del sector público.

Una segunda configuración es aquella en la que la etapa inicial es de alta discontinuidad ocupacional, con entradas y salidas constantes. La estabilidad es reciente y va a tener lugar a través de inserciones en fábricas y empresas, y en menor medida, en organismos públicos. En ocasiones el trabajo es en relación de dependencia y en otras, con contratos de locación de servicios. En este grupo se hallan un conjunto de jóvenes del segmento medio y mayormente los del segmento bajo. Muchos de ellos aún no han finalizado sus estudios.

Finalmente, identificamos trayectorias en las que, más allá de la discontinuidad, prevalecen las ocupaciones de mala calidad desde el inicio hasta la actualidad. La primera etapa es de discontinuidad laboral y ocupaciones precarias. Y posteriormente, sus pasajes por el mercado laboral son de mayor continuidad pero siempre en ocupaciones de baja calidad y sin relación con su formación, y en emprendimientos familiares. Es un grupo minoritario, todos provenientes de hogares de bajos ingresos.

El panorama de inicios del siglo XXI presentó mayores oportunidades laborales que las que había en la década de 1990, lo que permitió que algunos jóvenes del segmento bajo y medio logren insertarse en empleos de calidad vinculados a su formación, especialmente los que finalizaron sus estudios terciarios.

Esperamos que el presente análisis constituya un aporte en pos de aproximarnos a la caracterización de trayectorias ocupacionales juveniles en el contexto actual de nuestro país y poder realizar una contribución en el marco de los debates vigentes sobre cómo favorecer las oportunidades de desarrollo laboral para todos los jóvenes.

Bibliografía citada

Arceo, N. y Gonzales, M. (2011). "El estancamiento en los niveles de empleo en Argentina y su relación con las modificaciones acontecidas en el patrón de crecimiento en los últimos años", en *III Congreso Anual de AEDA*, Buenos Aires.

Bendit, R.; Hahn, M.; Miranda, A. (comps.) (2008), *Los jóvenes y el futuro. Procesos de inclusión social y patrones de vulnerabilidad en un mundo globalizado*, Buenos Aires: Prometeo.

Biggart, A.; Furlong, A. y Cartmel, F. (2008). "Biografías de elección y linealidad transicional: nueva conceptualización de las transiciones de la juventud moderna", en Hahn, M.; Miranda, A. y Bendit, R. (comps.). *Los jóvenes y el futuro: procesos de inclusión social y patrones de vulnerabilidad en un mundo globalizado*, Buenos Aires: Prometeo.

Busso, M.; Longo, M. E. y Pérez, P. (2011). "Trayectorias socio-ocupacionales de jóvenes argentinos. Un estudio cuali y cuantitativo de procesos de precariedad laboral", en *10° Congreso Nacional de Estudios del Trabajo Pensar un mejor trabajo. Acuerdos, controversias y propuestas*, ASET, Buenos Aires.

Casal, J. (1996). "Modos emergentes de transición a la vida adulta en el umbral del siglo XXI", en *Revista Española de Investigaciones Sociológicas*, 75.

Filmus, D.; Kaplan, C.; Moragues, M. y Miranda. A. (2001). *Cada vez más necesaria, cada vez más insuficiente. Escuela media y mercado de trabajo en épocas de globalización*, Buenos Aires: Santillana.

Gastron, L. y Oddone, M. J. (2008). "Reflexiones en torno al tiempo y el paradigma del curso de la vida", en *Revista Perspectivas en Psicología, Revista de Psicología y Ciencias Afines*, 5(2).

Hernández Sampieri, R. (2004). *Metodología de la Investigación*, México: Mc Graw Hill.

Jacinto, C. (2005). "Jóvenes, precariedades y sentidos del trabajo", en 7° *Congreso Nacional de Estudios del Trabajo Nuevos escenarios en el mundo del trabajo: rupturas y continuidades*", ASET, Buenos Aires.

Jiménez, V. M. (2009). "Tendencias y hallazgos en los estudios de trayectoria: una opción metodológica para clasificar el desarrollo laboral", en *Revista Electrónica de Investigación Educativa*, 11(1), pp. 1-21, México: Universidad Autónoma de Baja California.

Maurizio, R. (2011). *Trayectorias laborales de los jóvenes en Argentina: dificultades en el mercado de trabajo o carrera laboral ascendente*, CEPAL-Serie Macroeconomía del desarrollo 109.

Miranda, A. y Otero, A. (2005). "Diversidad y desigualdad en los tránsitos de los egresados de la escuela secundaria", en *Revista Mexicana de Investigación educativa*, 10(25), pp. 393-417.

Miranda, A.; Otero, A. y Zelarrayán, J. (2005). "Distribución de la educación y desigualdad en el empleo: los jóvenes en la Argentina contemporánea", en 7° *Congreso Nacional de Estudios del Trabajo Nuevos escenarios en el mundo del trabajo: rupturas y continuidades*, ASET, Buenos Aires.

Miranda, A. (2008). "Los jóvenes, la educación secundaria y el empleo a principios del siglo XXI", en *Revista de Trabajo*, 4(6), agosto-diciembre.

OIT (2008). *Tendencias mundiales del empleo juvenil*, Ginebra: Oficina Internacional del Trabajo.

Otero, A. (2011). "Transiciones y nuevos tiempos. Un análisis con egresados de la escuela media", en *Revista de Ciencias Sociales*, 25, pp. 97-116.

Otero, A. (2012). "Debates y paradojas en las trayectorias educativa ocupacionales. Un análisis sobre perspectivas, acciones y limitaciones entre jóvenes argentinos", en *Revista Última Década*, 37, pp. 41-68, Valparaíso: Centro de Estudios Sociales CIDPA.

Palomino, H. (2007). "La instalación de un nuevo régimen de empleo en Argentina", en *8° Congreso Nacional de Estudios del Trabajo*, ASET, Buenos Aires.

Sautú, R. (comp.) (2004). *El método biográfico. La reconstrucción de la sociedad a partir del testimonio de los actores*, Buenos Aires: Lumiere Ediciones.

Weller, J. (2003). *La problemática inserción laboral de los y las jóvenes*, Santiago: CEPAL.

Cambios y continuidades en la situación habitacional de los jóvenes en el Conurbano Bonaerense, 2001-2010

MILENA ARANCIBIA

Acerca de la autora

Milena Arancibia es licenciada en Sociología (UBA) y maestranda en Estudios Urbanos (UNGS). Actualmente es becaria doctoral del CONICET, período 2013-2017, y se desempeña como investigadora asistente del Programa de Juventud de la FLACSO Argentina. Ha participado en el diseño y puesta en marcha de diferentes programas y proyectos, tanto en organismos públicos como en ONG, en las áreas de desarrollo regional, salud, gobierno y juventud. Actualmente desarrolla actividades de investigación principalmente en temas de juventud y hábitat.

Introducción

Pasada más de una década de una de las peores crisis sociales y económicas que vivió nuestro país, cobra renovado interés el debate acerca de cuál ha sido en dicha década la evolución de las condiciones de vida de la población y en particular de los jóvenes. A partir del año 2003, se asistió a un período de crecimiento económico y a una reducción de los niveles de pobreza y desocupación, al mismo tiempo que la estrategia social y económica del nuevo gobierno fue modificada en varios puntos nodales con respecto a la del gobierno anterior. Algunos autores plantean que el nivel de

199

vida del conjunto de la población se vio mejorado (Miranda y Zelarrayán, 2011). En materia de acceso a la vivienda, el Estado puso en marcha nuevas estrategias y mayores recursos para dar respuesta a las diversas necesidades existentes. Sin embargo, las cifras de déficit habitacional continúan siendo altas, y crece el conflicto por el suelo en las ciudades y en particular en el Conurbano Bonaerense.

En especial para los jóvenes, parecería que las dificultades para acceder a una vivienda se hubieran incrementado. Las posibilidades de acceso a una vivienda se encuentran estrechamente relacionadas con las posibilidades de los jóvenes de transición a la adultez. Según la "sociología de la transición" (Casal *et al.*, 2006), uno de los hitos vitales que ocurren en la juventud es el abandono del hogar de origen y la conformación de un domicilio propio. Pero esta transición no se da de la misma manera en los distintos ámbitos geográficos ni en los distintos sectores sociales. Si bien en los sectores altos los jóvenes cuentan con los recursos que les brindan las familias, en los sectores medios y bajos dependen en mayor medida de las políticas llevadas a cabo por el Estado. En épocas de retiro del Estado, las familias de menores recursos son las que deben poner en juego otras estrategias para resolver el problema habitacional.

Dado que entre el principio y el final de la década las condiciones de vida y las posibilidades estructurales de la población cambiaron (educación, trabajo, sanidad, bienestar, vivienda, entre otros), interesa conocer cómo evolucionaron las características de las viviendas a las que acceden los jóvenes. Por lo tanto, en el presente trabajo se analiza la evolución de la situación habitacional de los jóvenes en la década de 2000 y se examina si éstas presentan diferencias entre el principio y el final de dicha década. Específicamente, se analizan datos referidos a los jóvenes de 15 a 29 años que habitan en el Conurbano Bonaerense, uno de los territorios que presentan mayores problemas de vivienda en nuestro país. Se toman los datos relevados por el INDEC en los Censos Nacionales de Población, Hogares y Viviendas realizados en el año 2001 y en el 2010, y se examinan algunas variables referidas a las características sociodemográficas y habitacionales de los jóvenes según su posición en el hogar. La posición que ocupa el joven en el hogar se considera una forma para aproximarse a una caracterización de aquellos jóvenes independientes en comparación con aquellos que no lo son. Además, se los divide por grupos etarios para dar cuenta de las diferentes situaciones según las distintas etapas del ciclo vital. Por un lado, los jóvenes menores (de 15 a 19 años), por otro, los jóvenes plenos (de 20 a 24 años) y por último, los jóvenes mayores (de 25 a 29 años). Se comparan ciertos indicadores de vivienda para indagar acerca de los cambios y continuidades ocurridos en las condiciones habitacionales de los jóvenes luego de una década de crecimiento. De este modo, a partir del conocimiento de la evolución de las condiciones habitacionales de los jóvenes, se espera aportar al diseño de políticas futuras tendientes a mejorar sus oportunidades.

Las transiciones juveniles y el acceso a la vivienda

El enfoque propuesto parte del concepto de transición juvenil como parte del proceso de reproducción social. Esto significa que las trayectorias de los jóvenes tienden a reflejar las estructuras y procesos sociales en las que ellos están insertos. Desde esta perspectiva, en la juventud se atraviesan una serie de eventos vitales que son definitorios en el proceso de enclasamiento y posicionamiento social del individuo. Así, la trayectoria consiste en el itinerario que siguen los jóvenes en pos de una posición social y la autonomía plena que se alcanza con el acceso a un hogar propio (Casal, García, Merino, Quesada, 2006).

Por lo tanto, se puede pensar la trayectoria como la línea que se forma al unir las distintas posiciones que ocupa en el espacio social un individuo a lo largo de su vida.

Como factor determinante se encuentra la posición de origen del individuo, que condiciona la cantidad de capital con que cuenta, un volumen determinado de capital heredado (Bourdieu, 1999). En este sentido, existen diversas trayectorias modales (destinos típicos) de acuerdo con las condiciones juveniles de origen. Dado que el origen social determina las posibilidades de trayectoria de cada individuo, las trayectorias reproducen las estructuras sociales. Pero frente a las restricciones que presentan los distintos contextos estructurales, los sujetos tienen posibilidades de elección y acción a partir de las cuales van configurando sus prácticas, estrategias y expectativas. De este modo, se pone en evidencia la relación que se establece entre los procesos de configuración de las subjetividades y las estructuras sociales en las cuales se desarrollan. En el tránsito a la vida adulta se da una acumulación, apropiación y transferencia diferenciada de los capitales cultural, económico, social y simbólico (Bourdieu, 2000; Martin, 1998, citado en Dávila y Ghiardo, 2008). En este sentido, en el análisis de las trayectorias de los jóvenes se deben considerar "las posiciones estructurales y las disposiciones subjetivas que producen en el doble sentido de ser producto de y de producir esos cambios de condición" (Dávila y Ghiardo, 2005: 194).

En esta línea de pensamiento, se encuentran los debates acerca del marco institucional estatal que modela y legitima las transiciones. Dicho marco sociopolítico configura un sistema de transición que es sociohistórico (Casal, 1996). El Estado contribuye a la definición de las transiciones a partir de la regulación que hace de la vida de los sujetos, en cuanto a derechos y obligaciones. Así, modela los roles según la edad de los individuos (por ejemplo, la prolongación de los años de escolaridad obligatorios o la prohibición del trabajo antes de cierta edad).

El debate acerca de la transición a la vida adulta gira en torno al proceso a través del cual los individuos adquieren mayor autonomía, asumen nuevas responsabilidades y cambian sus formas de participación social en los distintos ámbitos (Salas y Oliveira, 2009). Entre los principales eventos-transiciones que se atraviesan en la juventud, se encuentra el pasaje entre el estudio y el trabajo como principal actividad, es decir, la ocupación a la que mayor tiempo se le dedica y que trae aparejada la posibilidad de independencia económica. Asimismo, se considera significativa la salida del hogar paterno para constituir un domicilio propio, lo que permite la independencia habitacional. Entre los otros procesos a atravesar, se encuentran la conformación de la pareja y la tenencia de hijos. Pero en cada sociedad, los roles previstos para cada edad son delineados por las diversas instituciones sociales (el Estado, la escuela, la familia, el mercado de trabajo), por lo que las transiciones no son iguales ni se dan en la misma temporalidad en los distintos sectores sociales, en los distintos ámbitos geográficos ni para los distintos géneros (Furlong, 2013). Estos eventos son definitorios en las trayectorias futuras de integración social de los sujetos y dependen de las condiciones y posibilidades estructurales (educación, trabajo, sanidad, bienestar, vivienda, entre otros) que les brinda la sociedad para transitar su juventud.

Es preciso tener en cuenta que debido a la flexibilización de los roles de la sociedad actual, las transiciones dejan de ser estables y definitivas. En tiempos contemporáneos, las personas modifican sus condiciones de vida más frecuentemente. La pareja, el trabajo y otras variables se han vuelto más inestables y por lo tanto los roles que los individuos asumen también dan cuenta de esa movilidad. En efecto, se hace referencia a las nuevas condiciones juveniles poniendo en evidencia ciertas tendencias, como el alargamiento o prolongación de la juventud, producto de una mayor permanencia en el sistema educativo, el retraso en la inserción sociolaboral y de conformación de una familia propia y la menor autonomía residencial (Dávila y Ghiardo, 2005). En los debates actuales de la sociología de la transición se resalta la fragilidad y fluidez de los "estados" en que se ubican los individuos. Es cada vez más generalizado que, tanto la emancipación habitacional como la condición laboral o el estado conyugal admiten reversibilidad (Filardo, 2010). Por ejemplo, algunos autores hacen referencia a las *trayectorias yoyó*, donde los jóvenes van y vienen del hogar autónomo al hogar paterno (Jones, 1995; Goldscheider y Goldscheider, 1999, citado en Furlong, 2013). En resumen, en la actualidad la transición a la adultez ya no se constituye en una trayectoria homogénea, lineal y segura como era para generaciones anteriores, sino que por el contrario, los jóvenes tienen que lidiar con la inestabilidad, en los distintos ámbitos de la vida.

Particularmente, los cambios en la conformación de las familias a los que se asiste en las últimas décadas también ponen en debate las concepciones acerca de la asunción de los roles adultos. Por ejemplo, la multiplicación de los adultos que deciden no constituir pareja o no tener hijos pone en duda la idea de conformación de un nuevo hogar como hito de pasaje a la adultez.

Más allá de los cambios culturales a los que se asiste, si se indaga en los distintos sectores sociales se ponen en evidencia modelos típicos de trayectorias muy diversos según las posibilidades con las que cuentan los jóvenes. Aquellos de sectores más altos disponen de los recursos que les brindan las familias, tienen mayor acceso a la educación y menores condicionantes económicos. Los sectores medios y bajos, en cambio, dependen en mayor medida del Estado.

En lo que respecta a la vivienda, por ejemplo, el ocaso de los regímenes de bienestar de fines de los años 1970 impactó fuertemente en las condiciones de alojamiento de los jóvenes de familias de los sectores vulnerables (Schneider, 2000, citado en Furlong, 2013). Se hizo evidente que, en los casos en los que disminuye la provisión de vivienda social por parte del Estado, las posibilidades de los jóvenes de alcanzar la autonomía habitacional pasan a depender en mayor medida de los recursos materiales con que cuentan las familias. En efecto, en Argentina en épocas de privación económica, la convivencia de varios núcleos conyugales se constituyó en una estrategia familiar orientada a satisfacer las necesidades básicas de vida (Street, 2005). En particular en el Conurbano, como estrategia para hacer frente a la resolución del problema habitacional, se generalizó la estrategia de los jóvenes de autoconstrucción de la vivienda propia detrás de la vivienda de la familia de origen o sobre ella, es decir, la estrategia de compartir el terreno pero no la vivienda (Di Virgilio, 2003).

La dinámica urbana en el Conurbano Bonaerense durante la década de 2000

En este punto, conocer las principales tendencias de la dinámica urbana en el Conurbano puede contribuir a identificar y comprender las vulnerabilidades que enfrentan los jóvenes en la transición a la adultez en un territorio en el que las dificultades de acceso a la vivienda se agudizaron.

En cuanto a la población total que habita en este territorio, se observa una tendencia creciente en la década analizada. Mientras que en 2001 reunía 8.684.437 de personas, en 2010 esta población crecía a 9.916.715[1] (Instituto Nacional de Estadística y Censos, 2012). El Conurbano continúa reuniendo casi un cuarto de la población del país, pero presenta un significativo aumento de la conflictividad y cambios en el paisaje urbano. Por un lado, el cada vez más rápido crecimiento de los barrios cerrados, y por el otro, el crecimiento de villas y asentamientos que –en 2010– llegaron a ser más de ochocientos y a reunir más de un millón de personas (Cravino, Del Río, Duarte, 2010).

En cuanto a las tendencias y dinámicas urbanas del Conurbano Bonaerense, las posibilidades de acceso a la vivienda cambiaron en las últimas décadas en el marco de

---

1. Según el censo 2010, el área conformada por los 24 municipios que rodean a la Ciudad de Buenos Aires reúne un cuarto de la población total del país.

transformaciones estructurales (en el mercado de trabajo, en las políticas habitacionales, en el mercado de suelo y de vivienda, etc.). Según algunos autores, el crecimiento de la región se caracterizó por la contracción de los horizontes de oportunidades habitacionales para la población de bajos recursos (Del Río, 2009).

Remontándose a los antecedentes que culminaron en la crisis de 2001, se puede señalar que, a partir de las políticas neoliberales de los años 1990, el Área Metropolitana de Buenos Aires sufrió importantes transformaciones que consolidaron un modelo de ciudad fragmentada, de urbanización discontinua donde el Estado perdía el rol de planificador en favor de la iniciativa privada (Maceira, 2012). La apertura comercial y financiera, la privatización de empresas públicas, la aplicación de cambio fijo y las medidas de flexibilización laboral redundaron en un modelo con predominio del sector servicios. La desindustrialización generó una crisis del área central y del primer cordón, donde se ubicaban las antiguas zonas industriales, lo cual impactó negativamente en los barrios donde residía la fuerza de trabajo inserta en la manufactura (Borello, 2004; Ministerio de Infraestructura *et al.*, 2006, en Maceira, 2012). Cuando se instalaron nuevas industrias, se ubicaron en áreas del periurbano, preferentemente en el norte de la región, y de este modo se crearon centralidades organizadas alrededor de los nuevos núcleos comerciales, que se vinculan entre sí a través de autopistas. Estos procesos consolidaron un modelo de ciudad fragmentada, de urbanización discontinua, que acentuaron la segregación territorial. En el Conurbano la principal tendencia del período fue la polarización residencial. Se asistió al proceso de "suburbanización" parcial de las elites (Torres, 2001), que se concentraron mayormente en los partidos de la segunda y tercera corona. Los espacios residenciales cerrados proliferaron en parte gracias a la construcción de autopistas que generaron una disminución de los tiempos de traslado y reactivaron el atractivo de las zonas periféricas y periurbanas para las clases medias y altas. Además, varios autores explican el surgimiento de los barrios cerrados por la sensación de indefensión frente al delito que alegaban las capas medias y altas (Walklate, 2001; Caldeira, 2000; Svampa, 2001; Dammert, 2001, en PNUD, 2009).

En la década de 1990, mientras que las urbanizaciones cerradas se triplicaron (PNUD, 2009), la población residente en asentamientos y villas del Conurbano creció del 5,2% al 6,9% (Cravino, 2008). Asimismo, según el informe realizado por el PNUD, el índice de aislamiento residencial[2] aumentó en el Conurbano Bonaerense: pasó de 0,3 en 1991 a 0,5 en 2001.

A partir del año 2003, luego de la gran crisis que afectó al país, el crecimiento económico generó un mejoramiento en las condiciones del mercado de trabajo y se incrementaron los niveles de ocupación. Junto con el mejoramiento de la situación económica de las familias mejoraron algunos indicadores del hábitat. Sin embargo, específicamente en el Conurbano, la población en "asentamientos informales" creció, por lo que algunos estudios sugirieron que durante la década de 2000 no se modificó el patrón de segregación socioeconómica (Groisman, 2011). Mientras que en 2001 los datos del censo indicaban que el 6,9% de la población habitaba en este tipo de asentamientos, según un estudio de Infohabitat, en 2006 representaba el 10,1% de la población. Según estas estimaciones, la población que se ubicó en "asentamientos informales" creció más rápido que la población total de los 24 partidos que componen el Conurbano (Cravino, 2008). Por otro lado, aplicando tecnologías que permitieron usar y mejorar tierras inundables, continuó el crecimiento de los desarrollos urbanos dirigidos a los sectores medios y altos. Así, las nuevas urbanizaciones cubrieron

_____

2. Este índice capta una de las dimensiones de la segregación que es la exposición; se refiere al grado de contacto potencial dado por el hecho de compartir un área residencial. La variación del índice entre 0 y 1 puede interpretarse como la probabilidad de que un individuo del grupo minoritario interactúe con otros miembros de ese grupo y no con los miembros del grupo mayoritario.

el área sur y oeste de Buenos Aires. En efecto, sólo en el período 2001-2007 las urbanizaciones cerradas pasaron de 285 a 541 (Garay, 2007, en PNUD, 2009).

Como todos los grandes centros urbanos, Buenos Aires concentra oportunidades de trabajo, y en períodos de reactivación la disponibilidad de tierras es cada vez menor y la competencia por el suelo crece. La reactivación económica en general y las obras de infraestructura generaron un aumento de la renta urbana, por lo que la evidencia en el territorio de la recuperación económica se manifestó contradictoria (Cravino, 2013). A su vez, la revalorización de los inmuebles y terrenos en la Ciudad de Buenos Aires contribuyó a la expulsión de la población que habitaba casas tomadas, inquilinatos, hoteles pensión (Di Virgilio, Arqueros Mejica y Guevara, 2011), lo que aumentó más aun la demanda de tierras en el Conurbano.

Luego del año 2003, junto a la modificación de algunos elementos centrales de la política económica, el rol del Estado en materia de política habitacional tuvo un fuerte contraste comparado con las tres décadas anteriores, caracterizadas por una exigua presencia estatal. Esto culminó en los años 1990, con la Reforma del Estado orientada a la mercantilización (Cravino, Fernández y Varela, 2002). Consecuentemente, las políticas habitacionales trataron marginalmente el tema de la vivienda y se centraron en la radicación y regularización *expost*. En este período, los sectores populares fueron los protagonistas, quienes participaron en el proceso de autourbanización y autoconstrucción de la ciudad, contando con escasa o nula inversión pública. El año 2003 abrió una reformulación en la que el Estado adquirió un rol central a través de la inversión de significativos recursos en la materia (Del Río, 2010). En efecto, el Plan Federal de Construcción de Vivienda (PFCV) lanzado en 2004 estuvo conformado por programas y subprogramas que abarcaron diversas demandas y disminuyeron algunas de las carencias más importantes.

Algunos estudios advierten cierto mejoramiento en lo que respecta a las condiciones de vivienda entre el principio y el final de la década. Si se analiza la evolución de las viviendas precarias a nivel nacional, se observa que los hogares que habitaban en viviendas irrecuperables[3] descendieron del 5,3% en 2001 (534.037 hogares) al 3,9% en 2010 (476.894 hogares) (Putero, 2012). Sin embargo, en otros indicadores de acceso a la vivienda la evolución no fue positiva. En lo que respecta a la tenencia, se asistió a un aumento de los inquilinos, lo cual en un contexto de crecimiento económico y reducción de la desocupación da cuenta de la imposibilidad de los trabajadores de acceder a una vivienda propia. Pero no sólo no aumentaron los propietarios, sino que, entre aquellos que habitaban viviendas aptas aumentó el problema del hacinamiento de hogares. Por lo tanto, si bien dichos programas aportaron una solución habitacional para miles de familias de estratos bajos, los déficits continúan, especialmente en el Área Metropolitana de Buenos Aires, uno de los territorios más críticos de la Argentina en materia de déficit habitacional. A pesar de la recuperación del rol activo del Estado y la importante producción de viviendas de interés social que se llevó a cabo desde 2003 hasta la actualidad, las personas con problemas de vivienda aumentaron, y la creciente tendencia de agudización de los conflictos por el derecho a la ciudad no se revirtió.

Los especialistas sostienen que el principal problema consiste en que las políticas de vivienda implementadas no fueron acompañadas por una política de regulación del uso del suelo, lo que permitió un aumento exponencial del valor de la tierra (Cravino, Del Río, Graham y Varela, 2012). Por lo tanto, las posibilidades de acceso a una vivienda por parte de los sectores de menores ingresos se vieron restringidas (Herzer, Di Virgilio, 2011). Sumado a esto, la ausencia de una política crediticia orientada a dar respuesta a las necesi-

---

3. Las viviendas irrecuperables son aquellas que exigen una reconstrucción total.

dades habitacionales de sectores de ingresos medios y bajos impidió el acceso efectivo al crédito y a cuotas hipotecarias al alcance del asalariado medio (Herzer, Di Virgilio, 2011). El debate acerca del balance de las políticas implementadas durante la década y del rol que deberían tener las políticas públicas continúa hoy abierto.

La juventud en el Conurbano Bonaerense: cambios y continuidades

El acceso a la vivienda para los jóvenes es más restringido que para los adultos y cuando lo logran, ésta suele presentar mayores déficits y altos valores de hacinamiento (Filgueira, Amoroso y Fuentes, 1997). Dado que los jóvenes constituyen un grupo poblacional más vulnerable, en particular en las posibilidades de conseguir trabajo, las dificultades de resolución del problema habitacional son mayores que en el caso de los adultos, tanto para acceder a una vivienda propia como para que ésta sea de calidad.

En el contexto de las transformaciones en las dinámicas urbanas antes descriptas y de una mayor intervención estatal para mejorar las condiciones de vida y vivienda de la población del país, interesa reflexionar acerca de cuáles fueron las transformaciones en las condiciones habitacionales de los jóvenes del Conurbano en la década de 2000.

Para ello, en este trabajo, se utilizan los datos del Censo Nacional de Población y Viviendas registrados por el Instituto Nacional de Estadística y Censos (INDEC). En el análisis estadístico se utiliza el criterio europeo que considera a la juventud como la población comprendida entre 15 y 29 años de edad. Debido a la diversidad de etapas que abarca dicha categoría, se distinguen tres subgrupos etarios: el primero abarca a los jóvenes de 15 a 19 años (jóvenes menores), el segundo comprende a aquellos de 20 a 24 años (jóvenes plenos) y el tercero, a jóvenes de 25 a 29 años (jóvenes adultos).

En primer lugar, se hace una breve descripción de la evolución del peso de la población joven en la población total del Conurbano, distinguiendo por grupo de edad. En segundo lugar, se analizan las distintas posiciones en el hogar que ocupan los jóvenes y los cambios y continuidades entre comienzo y final de la década, con el objetivo de analizar qué porcentaje de los jóvenes son independientes en los distintos momentos analizados. Se define como joven "independiente" a aquel que se declara jefe(a) o pareja del jefe(a), y se toma dicho rol como un indicador de la independencia económica (Filardo, 2010). Asimismo, se tiene en cuenta el nivel socioeconómico de los jóvenes "independientes", a partir de indicadores de su situación educativa y laboral. Por último, se analizan las condiciones habitacionales de los jóvenes en cada tramo de edad, según si se independizaron o no y según cuál sea el nivel educativo alcanzado.

Cuántos son y cuál es su posición en el hogar

Si se analiza el peso de la población joven sobre el conjunto de la población del Conurbano Bonaerense, el porcentaje de los de 15 a 29 años se mantuvo estable, y representa casi un cuarto de ésta. En 2001 este segmento representaba el 25,2% (2.191.494 de jóvenes), y en 2010, el 24,8% (2.460.626 de jóvenes). En el cuadro 1 se evidencia que el porcentaje en cada tramo de edad también se mantuvo estable entre 2001 y 2010.

**Cuadro 1. Evolución de la población de jóvenes entre 15 y 29 años.
Conurbano Bonaerense, años 2001 y 2010**

	2001		2010	
Edad	Absoluto	Porcentaje	Absoluto	Porcentaje
15-19	741.560	8,5%	849.781	8,6%
20-24	779.864	9,0%	833.709	8,4%
25-29	670.070	7,7%	777.136	7,8%
Otras edades	6.492.943	74,8%	7.456.089	75,2%
Total población	8.684.437	100%	9.916.715	100%

Fuente: INDEC, Censo Nacional de Población, Hogares y Viviendas, 2001 y 2010. Elaboración propia.

En este punto se propone comparar cómo evolucionó el porcentaje de jóvenes que se declaran jefes o cónyuges al principio y al final de la década para conocer más acerca de quiénes son los independientes. Es de destacar que pueden darse múltiples situaciones habitacionales para la misma categoría de la variable "Posición en el hogar", que no se pueden llegar a conocer con los datos extraídos de los censos. Entre ellas, por ejemplo, un joven que se declara jefe de hogar puede vivir con los padres (es decir, no haberse mudado), a pesar de ser independiente económicamente, o puede haberse independizado también en lo que respecta a la vivienda. Los que se declaran yerno/nuera, es decir, aquellos que viven con los padres de la pareja, a pesar de haber constituido una pareja no tienen una vivienda propia. Si bien sería necesario un instrumento específico para poder analizar con mayor rigurosidad las diversas situaciones, el análisis del comportamiento de la variable "Relación con el jefe/a de hogar" resulta útil para acercarse al conocimiento de las transiciones a la vida adulta de los jóvenes. Por lo tanto, en vistas de una primera aproximación a los cambios y continuidades en la transición a la adultez de los jóvenes, se analizan separadamente, según cómo se declaran, aquellos que son jefes/as del hogar o cónyuges del jefe/a y aquellos que son hijos.

Como se observa en el cuadro 2, en ambos momentos, los jóvenes menores (15 a 19 años) cumplían mayoritariamente el rol de hijos (87,2% en 2001 y 83,5% en 2010) y en cambio, los que se declaraban jefes o cónyuges representaban un bajo porcentaje. En este segmento, entre censos, la independencia registró un crecimiento de 1,8 puntos (de 19.968 en 2001 a 37.934 en 2010). En este mismo grupo etario, era mayor la proporción de mujeres jefas o cónyuges, lo que podría indicar que la independencia en este tramo de edad era principalmente femenina. En el segmento de 20 a 24 años, los jefes o parejas del jefe representaban un porcentaje mayor y aumentaron más entre censos (4,3 puntos), manteniéndose la prevalencia de la independencia femenina. Por último, en los jóvenes adultos (de 25 a 29 años) se muestra que ya cerca de la mitad eran independientes, con un aumento entre los censos de 1,9% y la persistencia en dicha independencia de la primacía femenina.

En resumen, comparando entre censos, se registra un aumento de jóvenes que son jefes o cónyuges en todos los grupos de edad, especialmente entre los de 20 a 24 años. Por otro lado, se destaca como tendencia que los hombres tienen rituales de salida del hogar familiar más alargados.

Cuadro 2. Jóvenes entre 15 y 29 años, según relación con el jefe y sexo. Conurbano Bonaerense, años 2001 y 2010

Edad	15-19 años			20-24 años			25-29 años		
	2001	2010	Diferencia porcentual	2001	2010	Diferencia porcentual	2001	2010	Diferencia porcentual
VARÓN									
Jefe/cónyuge o pareja	1,3%	2,9%	**1,5%**	15,6%	20,1%	**4,5%**	44,3%	46,1%	**1,8%**
Hijo, hijastro	89,6%	85,7%	**-4,0%**	71,6%	65,2%	**-6,4%**	44,3%	41,5%	**-2,8%**
Yerno	0,6%	0,9%	**0,4%**	3,5%	3,8%	**0,3%**	4,6%	4,4%	**-0,2%**
Otros·	8,5%	10,6%	**2,1%**	9,3%	10,9%	**1,6%**	6,8%	7,9%	**1,1%**
TOTAL	100%	100%		100%	100%		100%	100%	
MUJER									
Jefa/cónyuge o pareja	4,1%	6,1%	**2,0%**	25,6%	29,5%	**3,9%**	54,9%	56,4%	**1,5%**
Hija, hijastra	85,4%	81,3%	**-4,1%**	61,5%	56,5%	**-5,0%**	35,7%	33,7%	**-2,0%**
Nuera	2,1%	2,6%	**0,4%**	4,9%	5,0%	**0,1%**	3,8%	3,7%	**-0,1%**
Otros	8,4%	10,0%	**1,6%**	8,0%	9,1%	**1,0%**	5,6%	6,2%	**0,6%**
TOTAL	100%	100%		100%	100%		100%	100%	
TOTAL									
Jefe(a)/cónyuge o pareja	2,7%	4,5%	**1,8%**	20,5%	24,8%	**4,3%**	49,4%	51,3%	**1,9%**
Hijo(a), hijastro(a)	87,2%	83,5%	**-3,7%**	66,1%	60,8%	**-5,3%**	39,7%	37,6%	**-2,2%**
Yerno, nuera	1,3%	1,7%	**0,4%**	4,2%	4,4%	**0,2%**	4,2%	4,1%	**-0,1%**
Otros	8,7%	10,3%	**1,5%**	9,2%	10,0%	**0,7%**	6,7%	7,1%	**0,3%**
TOTAL	100%	100%		100%	100%		100%	100%	

·La categoría "Otros" incluye: nieto(a), padre/madre/suegro(a), otros familiares, otros no familiares, servicio doméstico y sus familiares.

Fuente: INDEC, Censo Nacional de Población, Hogares y Viviendas, 2001 y 2010. Elaboración propia.

Nivel educativo y ocupacional

En este punto resulta interesante indagar acerca de la relación entre los jóvenes que se declararon jefe o pareja del jefe (es decir, independientes según la definición utilizada) y su nivel socioeconómico. En este trabajo se seleccionan ciertos indicadores referidos a las características educativas ("Asistencia a un establecimiento educativo" y "Nivel educativo alcanzado") y laborales ("Ocupación" y "Tasa de actividad") de los jóvenes independientes, como una aproximación al sector social de éstos.

Si bien los porcentajes de los jóvenes menores (de 15 a 19 años) que se declararon jefes o parejas del jefe de hogar fueron bajos (el 2,7% en 2001 y el 4,5% en 2010), se analizan algunas variables educativas y laborales para conocer más acerca de cómo se modificaron estos porcentajes entre el principio y el final de la década. Pese a que la mayoría se encontraba en edad escolar, el porcentaje de los que asistían a un establecimiento educativo fue menor al 30% en ambos censos. Sin embargo, entre 2001 y 2010 hubo un aumento del 10,6% (cuadro 3). La tasa de actividad creció entre los censos (13,6%), y los que se encontraban ocupados aumentaron exponencialmente (más de 30 puntos porcentuales). En el segmento etario de 20 a 24 la asistencia escolar es menor que en el primer tramo, y muestra un crecimiento intercensal de 5,5%. El porcentaje de aquellos que poseen secundario completo aumentó 10,8% entre los censos. Si bien en 2001, los jóvenes independientes que estaban ocupados eran sólo la mitad, en 2010 eran la mayoría (39,2% en 2001 y 69,2% en 2010). En ambos censos eran mayoría los que se encontraban activos, y la tasa crece entre el principio y el final de la década (11,6%). Por último, entre los mayores (de 25 a 29 años), los jóvenes independientes que presentaban el secundario completo en 2001 eran pocos (35,9%), y en 2010 son alrededor de la mitad (52,4%). Este aumento con respecto al grupo etario anterior podría dar cuenta de una tendencia a la finalización tardía del secundario. Entre ellos, mientras que la mitad se encontraba ocupada en el principio de la década, en 2010 eran la mayoría. Asimismo, la mayoría se encontraba activa en ambos censos y esta tasa aumentó 10 puntos porcentuales (de 71,7% en 2001 a 81,1% en 2010).

En resumen, en cuanto a la evolución, se evidencia que el nivel educativo alcanzado aumentó fuertemente entre los censos, especialmente entre los mayores, mientras que la ocupación y la tasa de actividad también crecieron, más acentuadamente entre los jóvenes de menor edad.

Por los indicadores analizados, podría inferirse que los jóvenes que se independizan en edades menores tienen menor nivel socioeconómico que los que se independizan a mayor edad, dado que estos últimos presentan mayores niveles de educación y tasas más altas de ocupación.

Cuadro 3. Resumen de indicadores educativos y laborales de jóvenes independientes, según grupo de edad. Conurbano Bonaerense, años 2001 y 2010

Jefe(a)/cónyuge o pareja	15-19 años			20-24 años			25-29 años		
	2001	2010	Diferencia porcentual	2001	2010	Diferencia porcentual	2001	2010	Diferencia porcentual
Asiste establecimiento educativo	17%	27%	**10,6%**	9,9%	15,5%	**5,5%**	8,8%	10,0%	**1,3%**
Secundario completo o más	NC	NC	**NC**	24,8%	35,7%	**10,8%**	35,9%	52,4%	**16,5%**
Ocupado	19,3%	52,5%	**33,2%**	39,2%	69,2%	**30,0%**	50,7%	76,4%	**25,7%**
Tasa de actividad	46,6%	60,2%	**13,6%**	64,0%	75,5%	**11,6%**	71,7%	81,1%	**9,4%**

Fuente: INDEC, Censo Nacional de Población, Hogares y Viviendas, 2001 y 2010. Elaboración propia.

En qué condiciones habitacionales se independizan

En este punto se propone una aproximación a la evolución de las condiciones habitacionales de los jóvenes entre el principio y el final de la década. Para ello se considera, por un lado, el grupo de jóvenes de 15 a 19 años, y por el otro, al grupo de jóvenes entre 20 y 29 años. El grupo de jóvenes menores (15 a 19 años) se encuentra en edad escolar, por lo que su principal actividad es la educación, dado que ésta es obligatoria hasta los 18 años. Por lo tanto, la mayoría de los jóvenes de este segmento de edad vive con los padres, a diferencia de los jóvenes de 20 a 29 años, que ya se encuentran en el momento de la juventud plena en el que comienzan a trabajar y los que se independizan aumentan. Por otro lado, se analiza la información de los jóvenes independientes (los que se declaran jefe/a o pareja del jefe/a) y se la compara con la de los jóvenes que no se independizaron (aquellos que se declaran hijo/a), dado que resulta interesante analizar las diferentes condiciones habitacionales en las que se encuentran según si el hogar depende de ellos o no. Debido a la mayor precariedad de los trabajos a los que acceden los más jóvenes, es de esperar que habiten viviendas en peores condiciones.

Con el propósito de analizar las condiciones habitacionales se utilizan las variables "Tipo de vivienda", "Régimen de tenencia" y "Hacinamiento de hogares". Para la primera variable, se presentan sólo los datos de aquellas viviendas consideradas deficitarias (esto es, las casas tipo B, rancho, casilla, pieza en inquilinato, pieza en hotel familiar o pensión, local no construido para habitación, vivienda móvil, persona/s viviendo en la calle). Asimismo, de la variable referida a la "Tenencia" se presentan los valores de las viviendas con tenencia irregular (las situaciones "irregulares" incluyen: propietarios sólo de la vivienda, ocupantes por préstamo y otras situaciones).[4] Dentro de esta variable "Tenencia" se separa a aquellos que son inquilinos para ver su evolución entre el principio y el final de la década. Por último, a fin de determinar si la vivienda responde a las necesidades del hogar en cuanto a la necesidad de habitar un espacio adecuado, privado e independiente, se analiza la relación entre la cantidad de miembros en el

---

4. Las "legales" en cambio incluyen: propietario de vivienda y terreno, inquilino y ocupante por trabajo.

hogar y la cantidad de cuartos disponibles exclusivamente para dormir. Para ello se muestran los valores que toma el "Hacinamiento de hogares" (es decir que habita más de un hogar por vivienda).

Cuando se evalúa el comportamiento de la variable "Tipo de vivienda" para los jóvenes menores (de 15 a 19 años), en el cuadro 4, se pone en evidencia que el déficit de vivienda alcanzaba a casi tres de cada diez en el Conurbano, aunque se registró un leve descenso entre los censos pasando del 29,5% en 2001 al 27,2% en 2010 (en términos absolutos, pasó de 217.706 jóvenes a 230.364 que viven en viviendas deficitarias). Si se distingue por la posición en el hogar de los jóvenes menores, los valores del déficit de las viviendas de los independientes superan con creces al de los hijos, lo que indica las peores condiciones de las viviendas de jefes o parejas. Sin embargo, entre los independientes la mejora fue más pronunciada que entre los hijos.

Por otro lado, casi dos de cada diez de estos jóvenes menores habitaban en viviendas en las que la tenencia es irregular, aunque también se registró un leve descenso entre los censos (del 18,1% al 17,7%). Si se comparan las viviendas donde estos jóvenes son jefes, se observan valores de tenencia irregular más elevados que entre los hijos. Aunque si se analiza su evolución, los porcentajes bajaron del 42,1% en 2001 al 29,7% en 2010, lo que indica una mejora importante en las condiciones habitacionales. Entre los que son hijos la irregularidad es menor y no presenta modificaciones entre los censos (17,7% en 2001 y 17,6% en 2010).

Si se observa el porcentaje de jóvenes que habitan en viviendas alquiladas en este grupo de edad, éstos son pocos y registran un leve ascenso entre los censos (6,2% en 2001 y 9,8% en 2010). Sin embargo, entre los independientes, los que alquilan aumentaron 6% entre los censos. Mientras que eran el 13,8% en 2001 (2.730 en términos absolutos), en 2010 representaban al 20,4% (7.737 jóvenes). El alquiler como alternativa de vivienda es elegido por los jóvenes en el contexto de la alta valorización del suelo urbano y la escasa disponibilidad de créditos hipotecarios a la que se asistió durante la década.

Siempre entre los jóvenes de 15 a 19 años, si se considera el hacinamiento de hogares, se ve que éste se duplicó. Mientras que en 2001 sólo el 8,5% vivía en hogares que convivían en la misma vivienda, en 2010 este valor aumentó al 17,6%. Si se analiza por la posición en el hogar, se manifiesta especialmente crítica la situación entre los independientes: mientras que en 2001 el 21,7% habitaba en una vivienda con más de un hogar, en 2010 ascendía a 31,8%. Puede relacionarse el alto grado de hacinamiento con las dificultades de acceso a la vivienda que presentan los jóvenes, en especial en los sectores sociales más bajos.

Cuadro 4. Resumen de indicadores de situación habitacional deficitaria de jóvenes de 15 a 19 años, según posición en el hogar. Conurbano Bonaerense, años 2001 y 2010

15 a 19 años	Jefe (a)/cónyuge o pareja		Hijo(a)/hijastro(a)		Total	
	2001	2010	2001	2010	2001	2010
Vivienda deficitaria	63,0%	48,9%	28,2%	25,6%	29,5%	27,2%
Tenencia irregular	42,1%	29,7%	17,7%	17,6%	18,1%	17,7%
Inquilinos	13,8%	20,4%	5,9%	9,1%	6,2%	9,8%
Hacinamiento hogar	21,7%	31,8%	8,0%	16,5%	8,5%	17,6%

Fuente: INDEC, Censo Nacional de Población, Hogares y Viviendas, 2001 y 2010. Elaboración propia.

Ahora bien, la situación de los jóvenes de 20 a 29 años muestra diferencias congruentes con encontrarse en una etapa más avanzada de la juventud, en la que se puede prever que el acceso al trabajo es mayor, lo que a su vez impactaría en mejores condiciones de vivienda. Si bien en este grupo también representaban un alto porcentaje aquellos que habitaban viviendas deficitarias, el porcentaje era más bajo que entre los jóvenes menores, y entre los censos disminuyó levemente (ver cuadro 5), pasando del 27,7% al 24,8% (en términos absolutos descendió de 398.316 a 396.713). Al igual que en el grupo de los jóvenes menores, en este tramo de edad los independientes económicamente presentaban las peores condiciones habitacionales. Sin embargo, se registró una mejora entre los censos, ya que pasaron de representar el 42,1% en 2001 al 34,2% en 2010 (casi 8%). En cuanto a los hijos, el déficit era menor y presentó un más leve descenso (1,1%).

Si se analizan los jóvenes de 20 a 29 años, aquellos que no alcanzaban a vivir en una vivienda propia o alquilada (es decir, de "tenencia legal") constituyen el mismo porcentaje que en el tramo anteriormente analizado. Entre los independientes de este tramo etario, los valores casi se duplicaban, si bien entre los censos descendió (del 31,7% al 25,5%). En este grupo los que vivían en viviendas alquiladas eran una mayor proporción comparado con los menores, y el porcentaje creció entre los censos (9,3% en 2001 y 15,5% en 2010). El crecimiento de viviendas alquiladas creció tanto entre los independientes como entre los hijos, pero particularmente entre los primeros los inquilinos casi se duplicaron (del 16,6% al 27,3%, cuadro 5). Revisten particular interés los valores que registra el hacinamiento de hogares. Por un lado, se observa que en comparación con los jóvenes de 15 a 19 años, para el total de jóvenes mayores la proporción de hacinamiento era levemente mayor y el crecimiento fue similar entre los censos, pasando de 9,9% a 18,7%. Sin embargo, los independientes mayores presentaban valores más bajos de hacinamiento que los independientes menores, aunque también aumentaron entre principio y final de la década (15,0% a 24,4%). Así como en el tramo de jóvenes menores, si se los compara con los que son hijos, se evidencian las peores condiciones de vivienda a las que éstos acceden.

Cuadro 5. Resumen de indicadores de situación habitacional de jóvenes de 20 a 29 años, según posición en el hogar. Conurbano Bonaerense, años 2001 y 2010

20 a 29 años	Jefe(a)/cónyuge o pareja		Hijo(a)/hijastro(a)		Total	
	2001	2010	2001	2010	2001	2010
Vivienda deficitaria	42,1%	34,2%	18,9%	17,7%	27,7%	24,8%
Tenencia irregular	31,7%	25,5%	10,5%	12,0%	18,0%	17,2%
Inquilinos	16,6%	27,3%	4,8%	7,2%	9,3%	15,5%
Hacinamiento hogar	15,0%	24,4%	7,0%	14,4%	9,9%	18,7%

Fuente: INDEC, Censo Nacional de Población, Hogares y Viviendas, 2001 y 2010. Elaboración propia.

En este punto, se toma en cuenta una variable educativa que se construye a partir de la variable del censo "Nivel educativo alcanzado", como una aproximación al nivel socioeconómico de los jóvenes. Para facilitar el análisis, la variable se dicotomiza, y adquiere así dos categorías: aquellos que presentan un nivel educativo menor al secundario completo y aquellos que presentan el secundario completo o un nivel mayor. En este sentido, se analizan las diferentes condiciones en las que vivían los jóvenes según hubieran finalizado o no el secundario. Dado que los menores de 19 años todavía se encuentran en la edad teórica de finalización del secundario, se analiza el grupo de 20 a 29 años, distinguiendo aquellos que se independizaron de aquellos que ocupan el rol de hijos.

Según los datos relevados en los censos, si se toman los jóvenes independientes, el valor de aquellos que vivían en viviendas deficitarias era significativamente mayor entre los que no habían terminado el nivel secundario comparado con el de los que sí lo habían finalizado, tanto en 2001 como en 2010 (cuadro 6). En el año 2001, un 55% de los que tenían secundario incompleto vivía en viviendas deficitarias (180.034 jóvenes), mientras que sólo un 15,9% de los de mayor nivel educativo presentaba déficit en sus viviendas. En el 2010, el 46,7% (146.692 en valores absolutos) de los que tenían el secundario incompleto habitaba viviendas no adecuadas, comparado con el 20% entre los que tenían mayores niveles educativos.

Asimismo, la irregularidad de la tenencia afecta en mayor medida a los jóvenes con secundario incompleto. En 2001, era mayor la tenencia irregular entre los que tenían "hasta el secundario incompleto" (36,9%). En 2010, la tenencia irregular afectaba al 29,6% del grupo más vulnerable y al 21% del grupo con mayores posibilidades. Por último, el hacinamiento de hogares en 2001 también era más elevado en los jóvenes con menor nivel educativo comparado con los de secundario completo (16,8% o 54.990 jóvenes versus 11,3% o 36.987). En 2010 los que habitaban en viviendas con más de un hogar eran más entre los de secundario incompleto, llegando al 27,7% (87.016 jóvenes).

En síntesis, como demuestran los datos, los jóvenes de 20 a 29 años que se declaraban jefes de hogar o parejas del jefe y que no contaban con el nivel secundario se encontraban en peores condiciones habitacionales que aquellos que lo habían concluido. Dado que el nivel educativo nos aproxima al conocimiento del nivel socioeconómico de los jóvenes, se puede decir que los jóvenes que presentan peores situaciones de vivienda son aquellos de sectores sociales más bajos.

Cuadro 6. Resumen de indicadores de situación habitacional de jóvenes
independientes de 20 a 29 años, según nivel educativo. Conurbano
Bonaerense, años 2001 y 2010

20 a 29 años	2001		2010	
	Hasta secundario incompleto	Secundario completo o más	Hasta secundario incompleto	Secundario completo y más
Jefe(a)/cónyuge o pareja				
Vivienda deficitaria	55,0%	15,9%	46,7%	20,0%
Tenencia irregular	36,9%	21,3%	29,6%	21,0%
Inquilinos	13,4%	23,2%	21,5%	33,8%
Hacinamiento hogar	16,8%	11,3%	27,7%	20,7%

Fuente: INDEC, Censo Nacional de Población, Hogares y Viviendas, 2001
y 2010. Elaboración propia.

Comentarios finales

A partir del análisis de los datos censales de principio y final
de la década, se pueden vislumbrar ciertas tendencias en las
condiciones habitacionales de los jóvenes en el Conurbano
Bonaerense. En primer lugar, se observa un leve aumento
de jóvenes independientes (los que se declaran jefes o parejas del jefe) en los tres tramos de edad analizados (de 15 a
19 años, de 20 a 24 y de 25 a 29). Por otro lado, en ambos
momentos, se observa la primacía femenina en la jefatura
del hogar, en particular entre los mayores de 20 años. En

este sentido, se identifica que los hombres tienen rituales de independencia más prolongados.

En otro orden, se pueden observar diferencias en las condiciones habitacionales de los jóvenes independientes según su edad. Aquellos de menor edad se encuentran en su mayoría en condiciones habitacionales precarias, ya sea por la insatisfactoria calidad de las viviendas en las que habitan como por la irregularidad del régimen de tenencia de dicha vivienda y el grado de hacinamiento al que se ven sometidos. Ciertos estudios sobre familias y viviendas en los países de América Latina demostraron que a menor edad de los jefes de hogar, mayor porcentaje de viviendas desventajosas (DESUC, 1996, citado en Arriagada Luco, 2003). Estas tendencias se evidencian en los datos analizados acerca de los jóvenes que habitan en el Conurbano Bonaerense, en ambos censos.

En cuanto a la evolución del déficit habitacional entre el principio y el final de la década, se observan tendencias contrapuestas (Kessler, 2014). A pesar de las políticas desplegadas desde 2003 y de la mejora de ciertos indicadores, los problemas para acceder a una vivienda crecieron, como así también las demandas y los conflictos.

Si se considera el análisis de los datos propuesto, por un lado los valores del déficit de vivienda y de la tenencia irregular muestran una leve mejora, tanto en el total de jóvenes como en aquellos independientes con secundario incompleto, que son los que presentan peores condiciones habitacionales. Pero si se considera el hacinamiento, factor que interfiere con la independencia y la privacidad y que puede involucrar situaciones de cohabitación familiar o allegamiento o conformar una necesidad de ampliación para viviendas unifamiliares con escasa superficie construida (Arriagada Luco, 2003), se verifica que en los años analizados las cifras aumentaron. Los jóvenes que habitan en viviendas que presentan hacinamiento se duplican en los diez años analizados sin importar su posición en el hogar.

Además, los jóvenes que sólo pueden acceder a la vivienda a través del alquiler aumentan considerablemente entre los censos. Dado el aumento de alquileres irregulares, son muchos los jóvenes que encuentran soluciones habitacionales de alta vulnerabilidad. Si bien la dificultad de acceso a la vivienda abarca a toda la población, los jóvenes se ven más afectados por este fenómeno. Según el censo, en 2010 el porcentaje de inquilinos entre los jóvenes duplica al de los inquilinos del total de la población del Conurbano (Capello y Galassi, 2011). Estos valores muestran que la posibilidad de acceder a una vivienda y particularmente a su tenencia formal es más restringida para los jóvenes que para los mayores de 30.

Los datos revelan que a pesar del período de crecimiento económico, del aumento de la escolaridad y de los elevados recursos invertidos en políticas habitacionales durante la década de 2000, las dificultades que encuentran los jóvenes para acceder a una vivienda propia continúan afectando las transiciones hacia la independencia económica y habitacional. Debido al aumento de los precios del suelo y de la vivienda y la falta de créditos hipotecarios, se complejizó para los jóvenes el acceso a una vivienda propia.

A partir de 2012, el gobierno nacional lanzó el programa PROCREAR, que cuenta con diversas líneas de crédito. Por un lado, dicha política muestra la continuidad de la inversión de recursos en materia de soluciones habitacionales para los sectores cada vez más vastos que evidencian dificultades de acceso a la vivienda. Sin embargo, se demuestra necesaria una intervención estatal en el mercado del suelo que contrarreste los efectos negativos de la especulación inmobiliaria y del crecimiento de las ciudades. El elevado déficit habitacional que persiste luego de varios años de mejora de las condiciones sociales es un llamado al que la política debe dar respuesta.

Si bien las dificultades de acceso a la vivienda se manifiestan en todos los grupos etarios, los jóvenes se ven más afectados por este fenómeno. Las intervenciones estatales específicas orientadas a facilitarles el acceso a la primera vivienda para la población joven, a través de créditos o subsidios, permitirían generar oportunidades para que ellos puedan constituir un hogar no acoplado al hogar de origen, y así brindar mejores oportunidades para un proyecto de vida de largo plazo.

Bibliografía citada

Arriagada, L. C. (2003). *La dinámica demográfica y el sector habitacional en América Latina*, CEPAL.

Bourdieu, P. (1988). *La distinción. Criterios y bases sociales del gusto*, Madrid: Taurus.

Bourdieu, P. (1999). *La miseria del mundo*, México: Fondo de Cultura Económica.

Capello, M. y Galassi, G. (2011). *Problemas habitacionales e inversión en viviendas sociales en Argentina*, Córdoba: Instituto de Estudios sobre la Realidad Argentina y Latinoamericana (IERAL) de Fundación Mediterránea.

Casal, J. (1996). "Modos emergentes de transición a la vida adulta en el umbral del siglo XXI: aproximación sucesiva, precariedad y desestructuración", en *Reis*, 75(96), pp. 295-316.

Casal, J.; García, M.; Merino, R. y Quesada, M. (2006). "Aportaciones teóricas y metodológicas a la sociología de la juventud desde la perspectiva de la transición", en *Revista de Sociología*, 79, pp. 21-48, Barcelona: Departamento de Sociología, Universidad Autónoma de Barcelona.

Cravino, M. C. (2008). *Los mil barrios informales en el AMBA*, Los Polvorines: UNGS.

Cravino, M. C. (2013). "Transformaciones urbanas y representaciones sociales de la ciudad en el Área Metropolitana de Buenos Aires de las últimas décadas", en *Red Latinoamericana de Investigadores sobre Teoría Urbana y Observatorio*

Das Metrópoles. Seminario Internacional *A cidade Neoliberal na América Latina: desafíos teóricos e políticos*, Río de Janeiro.

Cravino, M. C.; Fernández, W. y Varela, O. (2002). "Notas sobre la política habitacional en el AMBA en los 90", en Andrenacci, L. (org.). *Cuestión social y política social en el Gran Buenos Aires*, Buenos Aires: UNGS-Ediciones Al Margen.

Cravino, M. C.; Del Río, J. P. y Duarte, J. I. (2010). "Los barrios informales del Área Metropolitana de Buenos Aires: evolución y crecimiento en las últimas décadas", en *Ciudad y Territorio: Estudios Territoriales*, 163, pp. 83-95.

Cravino, M. C.; Del Río, J. P.; Graham, M. y Varela, O. D. (2012). "Casas nuevas, barrios en construcción", en Cravino, M. C. (org.). *Construyendo barrios. Transformaciones socioterritoriales a partir de los Programas Federales de Vivienda en el Área Metropolitana de Buenos Aires*, Buenos Aires: UNGS-CICCUS.

Dávila, O. y Ghiardo, F. (2005). "De los herederos a los desheredados. Juventud, capital escolar y trayectorias de vida", en *Revista Temas Sociológicos*, 11, pp. 173-219.

Dávila, O. y Ghiardo, F. (2008). "Jóvenes chilenos y trayectorias sociales juveniles", en *Revista Estudio*, 6, La Habana: Centro de Estudios Sobre la Juventud (CESJ).

Del Río, J. P. (2009). "Política de vivienda y acceso a la ciudad. Las tierras y los proyectos urbanos en el Conurbano Bonaerense", en *XXVII Congreso de la Asociación Latinoamericana de Sociología*, UBA.

Del Río, J. P. (2010). "El lugar de la vivienda social en la ciudad. Una mirada desde el mercado de localizaciones intra-urbanas y las trayectorias habitacionales de los destinatarios", en *Desafíos Teóricos y Compromiso Social en la Argentina de Hoy. III Jornadas del Doctorado en Geografía*, Universidad Nacional de La Plata, Facultad de Humanidades y Ciencias de la Educación.

Di Virgilio, M. M. (2003). "Estrategias residenciales y redes habitacionales. El acceso a la vivienda de familias de bajos ingresos en el Área Metropolitana de Buenos Aires", en *Congreso de la Latin American Studies Association*, Dallas.

Di Virgilio, M. M.; Arqueros Mejica, M. S. y Guevara, T. (2011). "Veinte años no es nada: procesos de regularización de villas y asentamientos informales en el Área Metropolitana de Buenos Aires", en *Ciudad y Territorio: Estudios Territoriales*, 167, pp. 109-129.

Filgueira, C. H.; Amoroso, G. y Fuentes, A. (1997). *Condiciones habitacionales de la juventud: elementos para el diseño de una política de vivienda*, Montevideo: Comisión Económica para América Latina y el Caribe.

Filardo, V.; Cabrera, M. y Aguiar, S. (2010). *Encuesta Nacional de Adolescencia y Juventud, Segundo Informe*, Montevideo: Ministerio de Desarrollo Social/Instituto Nacional de la Juventud (MIDES/INJU).

Furlong, A. (2013). *Youth Studies: An Introduction*, Routledge.

Groisman, P. (2011). "Avances de Investigación 4", en *Publicación del Centro de Investigación en Trabajo, Distribución y Sociedad*, Buenos Aires.

Herzer, H. M. y Di Virgilio, M. M. (2011). "Las necesidades habitacionales en la Ciudad de Buenos Aires: cuántos, quiénes, cómo y por qué", en *Realidad Económica*, 262, pp. 131-158.

Instituto Nacional de Estadística y Censos (2001). *Censo nacional de población, hogares y viviendas 2001*.

Instituto Nacional de Estadística y Censos (2010). *Censo nacional de población, hogares y viviendas 2010*.

Instituto Nacional de Estadística y Censos (2012). *Censo nacional de población, hogares y viviendas 2010: censo del Bicentenario: resultados definitivos, Serie B N° 2*.

Kessler, G. (2014). *Controversias sobre la desigualdad: Argentina 2003-2013*, Buenos Aires: Fondo de Cultura Económica.

Maceira, V. (2012). "Notas para una caracterización del Área Metropolitana de Buenos Aires", en *Boletín Observato-*

rio das Metropoles, año III(224), Brasil: Instituto Nacional de Ciencia y Tecnología.

Miranda, A. y Zelarrayán, J. (2011). "La situación de los jóvenes en el mercado de trabajo en la Argentina post-convertibilidad", en *X Congreso Nacional de Estudios del Trabajo Pensar un mejor trabajo. Acuerdos, controversias y propuestas*, ASET, Buenos Aires.

Programa de las Naciones Unidas para el Desarrollo (2009). *Segregación residencial en Argentina. Buenos Aires. Aportes para el desarrollo humano en Argentina*, Buenos Aires: PNUD.

Putero, L. (2012). "Vivienda, déficit habitacional y políticas sectoriales", documento del Centro de Investigación y Gestión de la Economía Solidaria, Buenos Aires.

Salas, M. M. y De Oliveira, O. (2009). "Los jóvenes en el inicio de la vida adulta: trayectorias, transiciones y subjetividades", en *Estudios sociológicos*, XXVII(79), pp. 267-289.

Street, M. C. (2005). "Perfil sociodemográfico de los núcleos conyugales secundarios: comparación interregional", en Torrado, S. (dir.). *Trayectorias nupciales, familias ocultas. Buenos Aires entre siglos*, Buenos Aires: Miño y Dávila/CIEPP/Cátedra de Demografía Social (UBA).

Torres, H. (2001). "Cambios socio-territoriales en Buenos Aires durante la década de 1990", en *EURE*, XXVII(080), Santiago de Chile: Pontificia Universidad Católica de Chile.

Esta tirada de 100 ejemplares se terminó de imprimir en mayo de 2015 en Imprenta Dorrego, Dorrego 1102, CABA

.